1歳から
みるみる頭がよくなる
51の方法

感性豊かな
脳を育む
五感
トレーニング

京都大学名誉教授・医学博士
久保田 競

脳科学おばあちゃん
久保田カヨ子

ダイヤモンド社

はじめに
――「脳科学おばあちゃん」からの愛のメッセージ

おかげさまで、「カヨ子ばあちゃんシリーズ」は累計36万部を突破しました。

その中でも、『赤ちゃん教育――頭のいい子は歩くまでに決まる』（ダイヤモンド社、２０１５年刊）は、あの『週刊文春』（２０１６年2月18日号「文春図書館・ベストセラー解剖」）にもとりあげられ、読者の方々から大きな反響をいただきました。

この本は、私の処女作である『赤ちゃん教育』（リヨン社、１９８３年刊）を復刊したものですが、１９８３年当時、幼児教育にも造詣が深い、ソニー創業者の井深大氏からも絶賛をいただいたものです。

30年以上の月日がたった今も、育児の指南書として活用されていることを、心からうれしく思っています。

そして、『赤ちゃん教育』の続篇として刊行されたのが、本書『1歳からみるみる頭がよくなる51の方法』です。

『赤ちゃん教育』が0歳児を対象としていたのに対し、本書では、歩き始めたあと、**1歳以降の幼児の育児法**を具体的に紹介しています。

拙著『幼児の育脳教育』（城南進学研究社、2008年刊、絶版）をベースにしつつ、**豊富なイラストと最新脳科学データ**を加えたことで、『赤ちゃん教育』とともに、さらに読みやすく、役立つ1冊となりました。

これからの時代、日本国内で物事を考える「閉じた発想」では通用しません。いい大学に行って、高学歴・高収入になることを子育ての最終目標にしてはナンセンス！　世界中の子どもたちと伍して、いかに、**創造的《クリエイティブ》な子**にするかが問われます。

そのために、非常に大事な時期が、**歩き始める1歳から感覚感受性が深まる3歳期**。

最近の認知神経科学の進歩はすばらしく、脳内の血流検査（ニューロイメージング）で、脳の働きがよくわかるようになってきました。

同時に、子どもたちが脳を使っているときに、どこがどのように働くかも、かなりわかるようになり、感覚感受性と脳の関係が深く研究されるようになってきました。

私は、脳科学者で、夫の久保田競《きそう》とともに、0歳からの赤ちゃんの脳に働きかける「クボタメソッド」により、この20年で3000人以上の赤ちゃんの脳を活性化してきました。

脳の働きをよく知り、感覚刺激を与え、感覚感受性を豊かにして、脳の前頭《ぜんとう》前野《ぜんや》を強くするのが、本書ですすめる「**五感を刺激した育児法**」です。

五感とは、**視覚**（→第2章）、**嗅覚**《きゅう》（→第3章）、**聴覚**（→第4章）、**触覚**（→第5章）、**味覚**（→第6章）を指します。

本書では、子どもが生きていくうえで大切な順に紹介します。

0歳からの赤ちゃんの発達は本当にめざましい！　子どもの成長に負けないよう、しっかり勉強しないと赤ちゃんに追い抜かれます。

心が強く、創造的《クリエイティブ》な子に育てること自体が、極めて〝創造的《クリエイティブ》な〟ことであり、**ほかの人には任せられない、お母さん、お父さんの大事な〝仕事〟**なのです。

今や、ゲーム、スマートフォン、パソコンの普及で、日本の子どもたちの五感がどんどん失われつつあります。

しかし、何も、「スマホやゲームが絶対的に悪い」と言っているのではありません。**問題は使い方**なのです。

本書では、パソコンやゲームを活用した育児法（↓第7章）も紹介しています。なにごとも考えようで、文明の利器をどんどん育児に活用したらいいのです。

五感をはぐくむ環境が減り、機械化が進んでいる現代だからこそ、ますます**クボタメソッド＝「脳と心をはぐくむ日本式伝統育児法」の原理原則**を、お母さん、お父さんにしっかり身につけていただき、今すぐ実践していただきたいと思っています。

私は子どもたちが本当にかわいい！

どんなに「口うるさい脳科学おばあちゃん」と言われても、これだけは言っておかないと、一生後悔する！　その一心で書いたのが本書です。私も夫の競も、今年84歳を迎える今、残された時間がないのですから……。

この本は、「カヨ子ばあちゃんシリーズ」の中でも、五感をきたえる方法を軸にした、非常にユニークな本です。

テーマは、**創造的《クリエイティブ》な子、感性豊かな子にする51の方法**です。

概念的な話ではなく、**具体的なトレーニング法が満載**ですから、パラパラめくりながら、気になったところから読み始めてみてください。

歩き始めて1・2・3歳の時期は、「**感性（五感）を磨く絶好期**」！

この〝**ゴールデンエイジ**〟を逃すと、一生後悔します。

自分から動ける子、創造的《クリエイティブ》な子、勉強ができる子、スポーツができる子、おもいやりのある子、心の強い子、円滑な人間関係を築ける子、海外の人たちとも伍してやっていける子――。

実は、すべて**感性（五感）がカギ**を握っています。

0から1を生み出す創造性が問われる変革の時代、感性を早期から磨けるかどうかで、ますます大きな差がついてくるでしょう。

国境を越えて、あらゆる人が活躍する時代には、感性が鋭くないと、生きぬいていけません。

今こそ、「日本式伝統育児法」で、日本人が本来持っている豊かな感性をみるみる開花させてください。

日本人としての誇りを持ってください。

本書を120％活用し、感性豊かな子どもたちと、ぜひ、明るい未来を築いていってください。

お母さん、お父さん！　いつも応援しています。

2016年4月

脳科学おばあちゃん　久保田カヨ子

クボタメソッド120%活用法

本書は、歩きだすころから3歳ころまでのお子さんを対象にしています。

0歳児の具体的な育児術については、『赤ちゃん教育——頭のいい子は歩くまでに決まる』をご覧ください。

本書の6大特長

❶ 幼児の「人権」を認めた教育で、勉強ができて、心の強い子に育つ
❷ 最新脳科学に基づき、脳の前頭前野をきたえるので、みるみる賢くなる
❸ 前頭前野がよく働くと、創造的《クリエイティブ》かつ記憶力のいい子になる
❹ 早くから「五感」をきたえると、人間関係に長《た》けた子になり、苦労しない
❺ みるみる賢くなるので、小・中・高・大学での成績がみるみるよくなる
❻ どんな荒波でも生きぬく心が育ち、幸せな人生が送れる

構成

本書は、今までの育児書と違い、脳を刺激する感覚ごとに、全7章に分けられています。各章に、**「総論」**→**「脳がみるみる賢くなるトレーニング」**→**「競博士のひと言」**があります。

「総論」では、その章についての全体的、科学的なアウトラインを紹介。この時期での幼児の感覚的特徴と、その感覚で引き起こされる反応の特徴などを紹介します。

「脳がみるみる賢くなるトレーニング」では、毎日、幼児に接するお母さん、お父さんの立場から、「こうすれば、幼児の感覚、感性、知性がもっと伸びる!」という具体的な訓練を、多くのイラストを交えて紹介しました。

お子さん自身の〝やる気〟を引き出しながら行う、51の育児術が収録されています。

「競博士のひと言」では、脳科学の権威である久保田競が、各項目の科学的、伝統的な裏づけや、注意してほしいポイントなどをまとめています。

お母さん、お父さんに持っていただきたい心がまえ

❶ 育児の目的は、ほかの子をわが子と比較して見ることではなく、子どもにはその子しかない「成長の仕方」があり、その子の脳の働きを可能な限り最大に伸ばすことです。そして、個性ある人間に育てる〝手助け〟をすることにあります。

❷ 親は、頼りない態度をとらず、親の教育方針に従って断固とした態度で接します。子どもとの約束はできるだけ守るよう、十分気をつけましょう。

❸ 親は子どもを〝甘く〟見てはいけません。子どもの〝プライドや人格〟を尊重しながら対応してください。

❹ そのうえで、肌と肌の接触を大切にしながら、子どもの気力を誘導してください。

❺ 本書では、感覚ごとの刺激を紹介していますが、実生活では、いくつかの感覚が同時に脳に働いて反応を起こし、うまくまとまりがとれた行動をするようになります。

読了後、必ず実行してほしいこと

❶ 本書の育児術は、私自身の日本とアメリカでの育児経験をもとに、脳科学的に裏づけられ、生活の知恵として合理性があり、伝統的にも認められるものだけを紹介しています。

すでに「くぼたのうけん」や「リトルランド」で、この20年で3000人以上の赤ちゃん、幼児たちに実践済です。安心してお使いください。

❷ **育児中にはいろいろ難しいケースに遭遇しますが、そのときこそ、本書のノウハウをもとに創意工夫しながら、数々の〝ハードル〟をお子さんと一緒に乗り越えてください。**

❸ **そのために、本書は必ず役立つと信じております。こうして、親子で〝ハードル〟を乗り越えていくところに、親子の固い絆がつくられていくのです。**

※1・2・3歳の時期は、**感覚刺激を受けて、感覚《センス》をきたえることが最も大切**です。

自分で考え、自分で行動し、責任を持てる子に育っていくよう、この本の**感覚教育**を実践してください。

目次

第1章

1歳からみるみる賢くなる17の方法

——自由を重視する身体トレーニング

脳がみるみる賢くなる17のトレーニング

第2章

「視覚」がみるみるよくなる10の方法

――「複合感覚」で記憶力を高めるトレーニング

第3章

「嗅覚」がみるみるよくなる5つの方法

——危険察知力を高める「におい」トレーニング

脳がみるみる賢くなる5つのトレーニング

第4章

「聴覚」がみるみるよくなり、「話す力」がつく5つの方法

——遊びながらおしゃべりトレーニング

脳がみるみる賢くなる5つのトレーニング

第5章

「触覚」がみるみるよくなる4つの方法

――脳科学的に正しい道具を使ったトレーニング

脳がみるみる賢くなる4つのトレーニング

第6章

「味覚」がみるみるアップする7つの方法

――「食べる力」をきたえるトレーニング

脳がみるみる賢くなる7つのトレーニング

第7章

パソコン&ゲームで、「見る力、記憶力、判断力」がみるみる上がる3つの方法

脳がみるみる賢くなる3つのトレーニング

プロローグ
——感覚と前頭前野をきたえ、創造的《クリエイティブ》な子、感性豊かな子に育てよう

ここでは、育児中多忙なお母さん、お父さんに向けて、最低限、これだけは押さえておいてほしい、最新脳科学の知識を紹介します。

多忙な方は、読み飛ばして、すぐに第1章へ進んでもかまいません。

実際の育児中に、何度か折に触れて読んでいただければOKです。

なぜ、脳の前頭前野が大事なのか？

私たちは、外の世界から感覚刺激を受け入れ、脳が運動・行動を起こしています。

そして、脳は、感覚刺激を知覚し、認知し、記憶します。

脳の頭頂葉、後頭葉、側頭葉がその働きをしています。

そして、その神経情報を脳の前のほう（前頭葉）へ送り、そこで考えを推理し、判断し、計画を立てて、運動・行動を起こし、うまく適応して生きているのです。

感覚・認知と運動・行動がうまくできないと、適応できずにうまく生きていけません。

うまく生きていくのに、一番大事な働きをしているのが、**前頭葉の前頭前野**なのです。

自分の意志で実行する運動は、すべて「前頭前野」から始まっています。

本書の目的は、**感覚と前頭前野をきたえて、創造的《クリエイティブ》な子、感性豊かな子に育てる**ことです。

図1は、左側の大脳を「真横から」見た図です。

前のほう（図の左側）が前頭葉、まん中の上のほうが頭頂葉、後ろのほうが

図1｜脳には「番地」がある

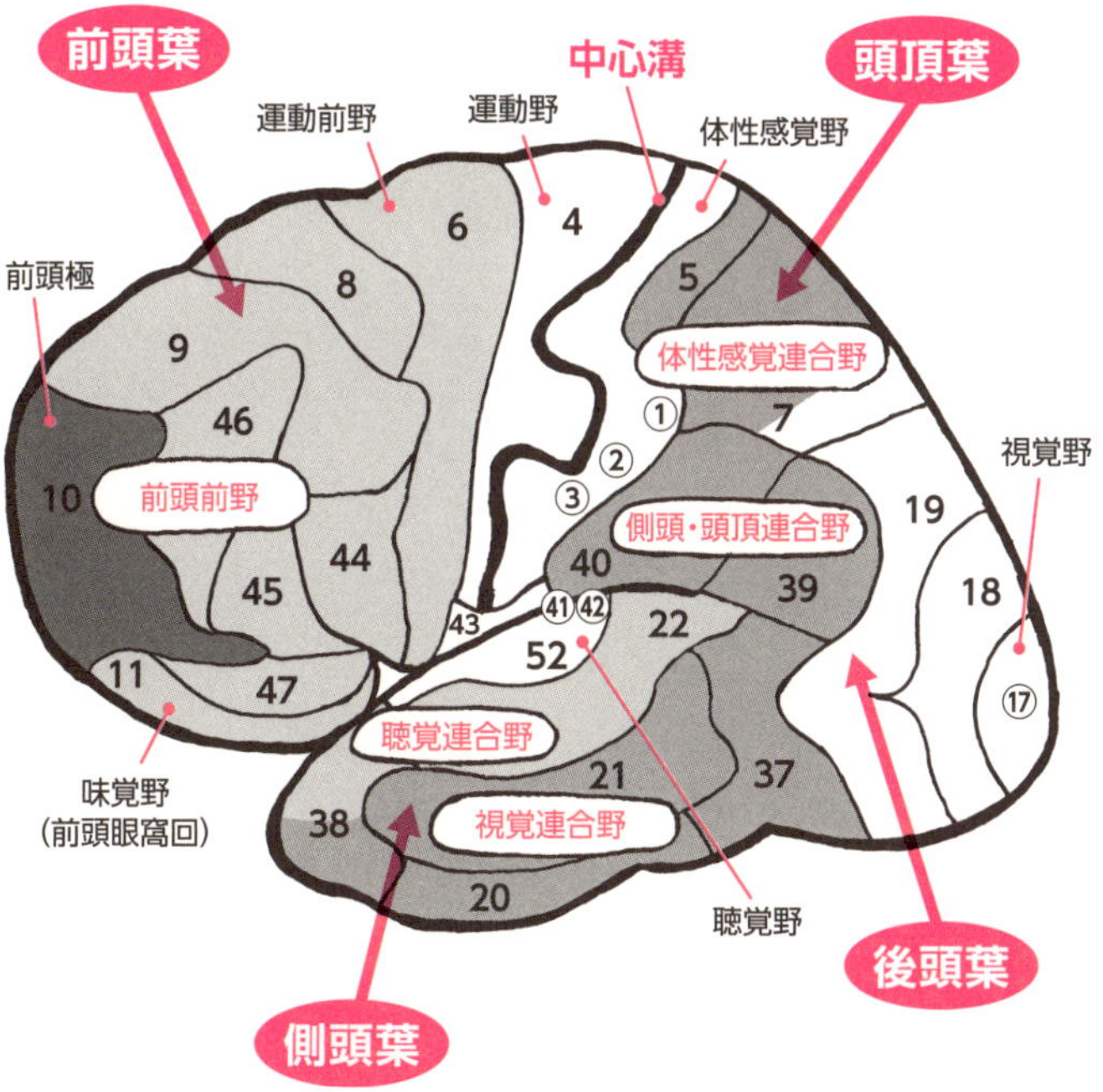

1・2・3野	皮ふからの情報
17・18・19野	目からの情報
39・40野	感覚情報をまとめて理解する領域
41・42野	耳からの情報

後頭葉、横のほうが側頭葉です。

五感のうち、視覚、聴覚、触覚の刺激は、後部皮質（頭頂葉、後頭葉、側頭葉）で知覚・認知されますが、味覚の刺激は後部皮質ではなく、**前頭葉の味覚野（前《ぜん》頭《とう》眼《がん》窩《か》回《かい》）**で、感覚・認知されます。

においの刺激は、大脳辺縁系の中で感覚・認知され、味覚野（前頭眼窩回）へ送られます。

味覚野（前頭眼窩回）では、異なった3つの感覚——嗅覚、味覚、触覚が混在しています。

感性豊かで知的能力が高いと、知能指数（IQ）が高まる

生まれたばかりの赤ちゃんは、感覚・認知と運動・行動はほとんどできず、ひとりでは生きていけません。

赤ちゃんは、感覚・認知と運動・行動を経験することで、感覚・認知と運動・行動ができることを学習していきます。

このとき、脳は大きくなり、脳の表面の大脳皮質が厚くなっていきます。すると、脳内で神経情報を伝える神経細胞の数やその継ぎ目（結合：シナプス）の数が増えます。つまり、学習によって脳は発達していくのです。

感覚・認知と運動・行動の経験が少ないと、脳は発達していきません。感覚・認知と運動・行動のバランスがいびつだと、脳は正常に発達しません。神経細胞は「ニューロン」、継ぎ目は「シナプス」と呼ばれますが、経験をくり返すと、ニューロンだけでなくシナプスも増え、大脳皮質が厚くなって脳が発達するのです。

感性豊かで知的能力が高くなると、知能指数（ＩＱ）が高まります。

知能指数の高い子（１２０以上）ほど、幼児期になって脳がよく発達します。

外の世界から、感覚刺激を受け入れると、大脳の感覚野が働きます。

目からの情報（視覚）は17、18、19野、皮ふからの情報（触覚）は1、2、3野、耳からの情報（聴覚）は41、42野が働き、それぞれの感覚が生まれます。

さらに、神経情報は、「感覚連合野」に送られて、認知されるようになります。

ここでは、視覚を例に考えていきましょう。

今、お母さんの顔を、赤ちゃんが見ているとします。

視覚野では、顔を要素（線、色）に分解して知覚しますが、視覚連合野でお母さんの顔であることを認識します。

何度も見ることで、赤ちゃんがお母さんの顔を記憶するのです。

この記憶は、視覚連合野で、たくさんの神経細胞のシナプスに保存されます。

お母さんの顔を見たとき、怒っている顔、やさしい顔ということもわかります。

顔の単なる物理的・化学的刺激以上に伝えられる性質（クオリア）を理解す

ることを〝**感性がある**〟と言います。

物理的・化学的刺激に含まれる価値を理解するのが、感覚連合野の情報をまとめて理解する「**側頭・頭頂連合野**」(39と40野、感覚情報をまとめて理解する領域→27ページ図1)と**前頭前野**です。

刺激を受けて、運動・行動をすることで初めて理解できるようになるので、いろいろな経験をしなければなりません。

喜怒哀楽を体験しなければいけませんし、物事の美醜もわからなければいけません。

ときには、お子さんがうまく育っていかず、脳の病気になることがあります。

そんなときには、小児科ではなく、まず小児神経科の診察を受け、神経系の専門医に診《み》てもらうのがいいでしょう。

脳に関係した診療科名としては、小児神経科、神経内科、心療内科、脳神経外科、精神科、神経科、リハビリテーション科などがあります。

●豊かな感性をつくる〝2系統〟

感覚刺激は、大きく2つの系統に分かれます。

2つの系統とは、①「**感覚・認知系**」、②「**行動・運動系**」です。

図2の後部皮質で、体性感覚や視覚や聴覚を受け取り、「感覚・認知系」がつくられます。

大脳皮質におおわれているところに、「大脳辺縁系」と呼ばれるところがあり、ここで**喜怒哀楽の感情**がつくられ、後部皮質に伝えられます。

脳の下のほうに、脳と脊髄《せきずい》をつないでいる「脳幹」がありますが、そこに「腹側被蓋核《ふくそくひがいかく》」というニューロン集団（「核」とはニューロンの集まりのこと）があります。

図2｜豊かな感性をつくる2系統のしくみ

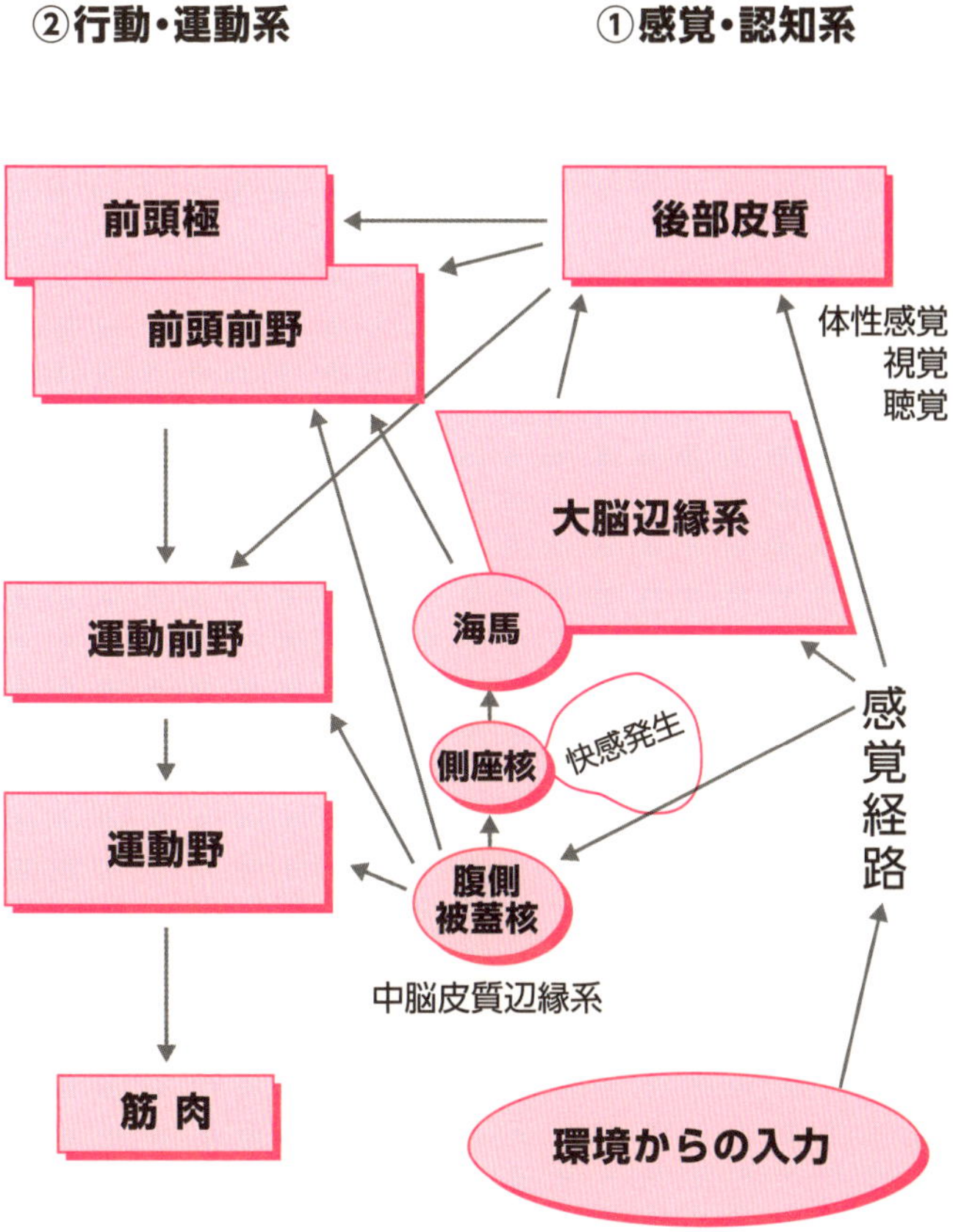

この「核」が働くと、前頭葉と海馬の働きを高めます（**中脳皮質辺縁系**、〝**動きづけの回路**〟とも呼ばれる）。

前頭前野は、物事を考え、推理し、判断し、計画を立てる働きをし、運動前野は運動のプログラムをつくり、器用にしてくれる。運動野はひとつひとつの筋肉運動を起こす――この一連の動作が「行動・運動系」となります。

本書で紹介されているトレーニングで感覚刺激を与えることで、〝2系統〟を働かせますが、子どもはうまくできたりできなかったりします。

その感情をともなった体験を後部皮質で記憶し、**感性を豊かにさせ、適切に行動・運動ができる**ようになっていくのです。

脳科学的に「頭のいい子」とは？

前頭前野は、後部皮質から感覚・認知情報を受け取り、考え、推理し、判断して計画を立てるのですが、これをうまくできる子が〝頭のいい子〟です。

頭をよくするために大事なのが、**ワーキングメモリー（作業記憶）**の働きです。

たとえば、A、B、C、Dと考えを進めるとき、A＝Bで、B＝Cで、C＝Dなら、D＝Aであると考えを進める。ただ、C＝Dを考えているとき、A＝Bを忘れてしまっては、D＝Aにはなりません。

D＝Aという考えになるまで覚えているのがワーキングメモリーの働きで、前頭前野に保存されます。

今まで、「短期記憶」と言われてきた記憶は、すべて**「前頭前野」に保存される記憶（ワーキングメモリー）**なのです。

「腹側被蓋核」（→33ページ図2）**をよく働かせるには、よくほめること、おいしいものを食べること、ごほうびを与える**ことです。

前頭前野が働くと、やる気が出て、感性が豊かになっていきます。

気持ちがよくなる刺激、快感を起こす刺激は、腹側被蓋核を働かせ、側座核《そくざかく》を働かせます。

快感は側座核でつくられるので、**訓練、教育、学習時には、腹側被蓋核を働かせる**ほうが効果が上がります。

「買い物ごっこ」や「マラソン」で感性豊かな子に

人間の脳で最も発達しているのは、前頭前野の一番前、額《ひたい》のすぐ後ろの**前頭極**です。

類人猿でも少しありますが、普通のサルにはほとんどありません。

前頭極は、簡単な行動を同時に2つ以上するときや、複雑な行動を順番にしていくときに働きます。

たとえば、食事の準備をしたり、こんだてを考えるときや、おいしいごちそうを何皿も同時につくるときなどです。

マラソンが感性をはぐくむ

「買い物ごっこ」は、前頭極をきたえるのに、よい遊びです。
感性豊かな人なら、将来、お客さんにたくさん商品を売ることができます。
ヒトの脳は、200万年前ぐらいから徐々に大きくなっています。
動物が捕まえた小動物を、走って行って横どりして食べ、脳と身体が徐々に大きくなってきました。

脳をきたえるには、歩いたり、走ったりするのが重要です。
特に、マラソンは効果的です。
人類の歴史から見れば、**マラソン（持久走）がヒトを形づくった**とも言えるでしょう。

感性を豊かにするためにも、マラソンは有効です。

第1章

1歳から みるみる賢くなる 17の方法

自由を重視する身体トレーニング

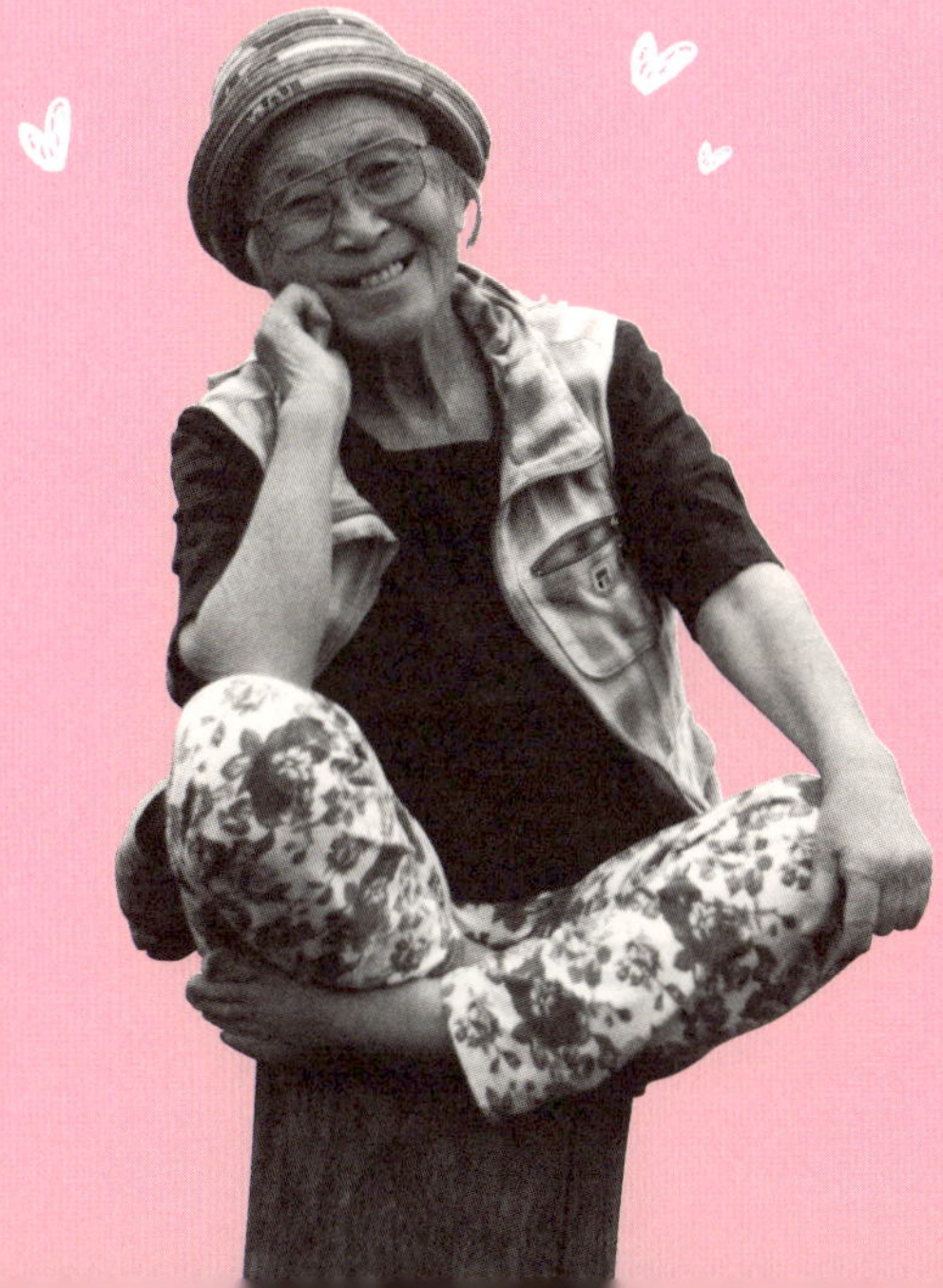

遊び場は、まず「自由」を重視しよう

幼児が二足歩行をしだすと、急激に行動範囲が広がり、危なっかしくて目が離せず、いつもそばについていなければなりません。

そこで、家の中に危険のない場をつくり、ひとり遊びができるようにします。

赤ちゃんの目線になって大人の生活空間を見ると、数えきれないほど多くの危険物があることがわかります。

この時期には、ベビーサークルの中に入れざるをえませんが、部屋を1つ与えることができれば理想的です。

この部屋は、主として身体を動かすための「自由の園」として、ころんでも、あまり大きなケガをしないような配慮をします。

硬いおもちゃや、不安定なものは置かないようにしましょう。

お母さんがお子さんから離れたとき、お子さんがどのように時間をすごせるかは、この環境設定に大きく関わってきます。

危険なものは遠ざける

できる限り、**広い空間を与えてあげてほしい**ものです。

また、お子さんが家の中を自由に出入りし、遊べるようにするために、危険なものをすべてとり除くわけにはいきませんが、居間、台所、お風呂場、トイレまで、ケガをしそうなものはなるべく除いておきましょう。

この時期は、あまり子どもの行動を制限しないようにします。

大人の生活のほうが不自由になっても、そこは子どものために我慢してください。自由に行動できる場所が広いにこしたことはありません。

そして、道具やおもちゃはあまり置かないようにしてください。

自由と制限の中で、まずは自由を重視して行動させます。

たくさんのものがあると、好奇心よりも、ものに気移りするので注意してください。

また、**1〜2歳ごろに遊ぶ場所を狭くすると、行動できる世界を狭めてしまい、脳を使うことが少なくなります。**

「ハイハイ」は、なぜ大切なのか？

赤ちゃんの最初の移動は「ハイハイ」です。

赤ちゃんは、好きな方向に身体を向け、自分の四肢を使って移動します。

生活様式の変化と親の身長が高くなり、赤ちゃんを抱くと重くて手が疲れる、肩が凝るといって、赤ちゃんの首がすわると立てて抱き、赤ちゃんの足裏をお母さんの太ももや、股の間の床につけて抱くお母さんが多くなりました。

早くからこの抱き方をすると、赤ちゃんは不安定ながら膝を伸ばし、棒立ちした状態で、少しの間、体重の一部を支えるようになります。

4～5か月もすると、すわる姿勢も足をピンと伸ばします。

ただ、この〝ピンピン足タイプ〟のお子さんは、困ったことに、ハイハイをしないで立ち、歩きだしてしまいます。

二足歩行ができるまで、赤ちゃんは身体の動きの基礎を身につけなくてはなりません。

そのために、**ハイハイは、大事な行動**です。

まず、お母さんに抱かれる、寝かされる、といったことから、赤ちゃんはいろいろなことを覚えていきます。

待たされるままの状態に抵抗しながら、筋肉をきたえ、お母さんの働きかけに応じていきます。

寝返りをしたり、すわったりするのは、ごく自然な成育過程に沿って発達しますが、すわりだすころからは、親の与える環境によってパターンを変え、行動を覚えていきます。

特に、**ハイハイをしないでいきなり立ち上がり、歩かせることは禁物**です。

赤ちゃんの行動には、飛び級はありません。

自力で目的地に近づくには、単に筋肉がきたえられたり、行動パターンを覚えたりするだけでできるものではないのです。

ここでは、身体の動きに対応して、視線、焦点を微妙に合わせ、焦点距離を測りながら動くという、**非常に高度な脳の働き**ができなくてはならないのです。

「這《は》えば立て、立てば歩めの親心」と言われるように、日本的伝統育児の中で**ハイハイは非常に大事なので、おろそかにしてはいけません。**

ハイハイは、**必修課題**です。

ハイハイは、単に足腰をきたえるトレーニングだけだと思わないでください。

ぜひ、**視覚の発達に欠かせない大事な運動**ととらえ、**膝頭《ひざがしら》がすりむけるほど這わしてください。**

膝頭がすりむける
ほどハイハイする
赤ちゃん

ハイハイが上手にできて立つようになり、そこから二足歩行となります。

いつもすわった状態や、車で移動するばかりの現代では、すっかり「おんぶ」はすたれてしまい、だっこや親の膝の上に立たせることが多くなりました。いわゆる〝棒立ち〟は、すわれるころでも親の強制に近い働きかけでできますが、**子育ては丁寧に心を込めてしたい**ものです。

そうすると、将来、それだけの見返りが必ずあります。

行動（動作・身体の動き）は、順序よく発達させると、ムダなく子どもは覚えていきます。まさに、「這えば立て、立てば歩めの親心」なのです。

おすわりができるようになると、徐々に手を使うようになります。

目の前のおもちゃに手を伸ばし、つかむことから手の動かし方を会得していきます。ハイハイをすることで、徐々に前に進むことを覚えます。

歩けるようになるまでは、長い道のりです。

2～3歩進んで尻もちをついている姿を見ると、本当にかわいいですね。

目的地に向かって前進したら、声がけに応じて止まれるようにします。

つまり、**発進と停止が声をかけることででき、二足歩行ができる**＝「歩ける」状態になります。

この二足歩行ができてこそ、赤ちゃんを卒業して「**幼児**」になるのです。

止まることができるよう、親がきちんと教えなければなりません。

「ハイハイ」の5つの型

ここでは、いろいろなハイハイの「型」を紹介します。上手にハイハイができるよう、手や足の力を均等に発達させる働きかけをしてください。

●**ひじ鉄型**――ひじを曲げたまま、前進します。

●**バック型**――あお向けのままの状態で、ひじで身体を支え、かかとで床をけって進みます。

●**回転型**――大の字になり、一方向にぐるぐる回ります。

●**バタフライ型**――両手を同時に前に出し、足はひきずります。

●**あとずさり型**――力みすぎると、なかなか前に進まず、あとずさりしてしまいます。

「ハイハイ」の5つの型

ひじ鉄型

バック型

回転型

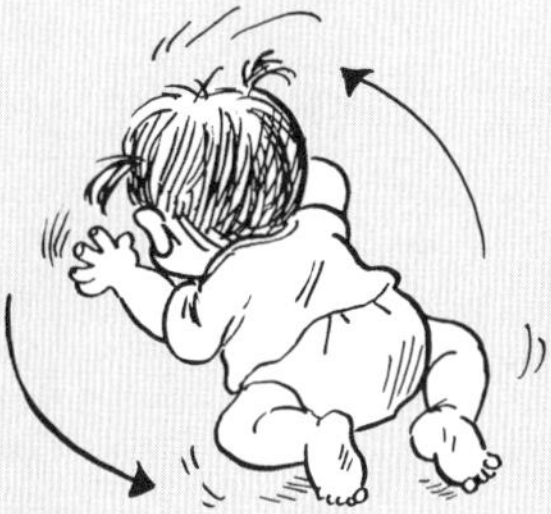

バタフライ型

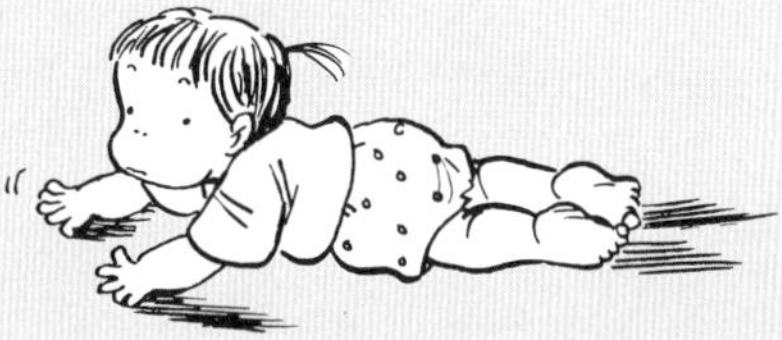

あとずさり型

脳がみるみる賢くなる17のトレーニング

1 「ストップ遊び」で、すぐに止まることをマスター

――「遊び」の中で訓練し、親の制止に従わせる

靴を履いて外出できるようになると、外には危険がいっぱい待ち受けています。

すぐに止まれないのは車だけではありません。幼児もすぐには止まれません。ましてや、歩き始めの幼児は、急ブレーキをかけることができないのです。

次のような遊びで、すぐに止まる「**ストップ遊び**」を身につけさせると効果的です。

◉「ストップ遊び」のメリット

ストップ遊び

目的地は、お子さんが興味のあるテレビにします。

そこにボールをころがして、「ボールをとってきて」と言います。

1回目は、ボールをとりにいって、戻ってこさせます。

2回目は、ざぶとんを途中に置いて、「**ざぶとんがあるよ、よけて止まって！**」と声をかけます。

ざぶとんの位置を何度か替えて、くり返します。

お子さんがざぶとんの上を歩きそうになったら、「**ストップ！**」と強く言います。

3回目、4回目ですぐに止まれるようになるまで、何度かくり返してください。

5回目は、目的地の手前にざぶとんを置いて、「**ストップ**」と声をかけます。

楽しく続けられる雰囲気づくりとあきない工夫をして、「**ストップ**」と言われたらすぐに止まれるようになるまで、やってみてください。

歩いたり、走ったりしている最中に、「**ストップ**」**と言われてすぐに止まれ**

るのは、危険への対処として大切な学習です。

ぜひ真剣にとり組んでください。

ただし、これは難しいので、頭で考えてできるものではありません。

遊びとして訓練し、習慣にさせ、「ストップ」が表示された信号で動きを止める行動（**ノーゴー行動**）として記憶させるのです。

考えて判断し、動きを止めること（赤信号でストップするなど）ができるのはまだまだ先ですが、赤信号を進んでしまうと身の危険があると、すばやく判断できるようにしていきましょう。

競博士のひと言

前頭前野は、行動をコントロールしています。

行動には、積極的にする行動（**ゴー行動**）と積極的にしない行動（**ノーゴー行動**）とがあります。

ノーゴー行動は、**右**の前頭前野の46野（↓27ページ図1）が働かないとできません。

「ストップ遊び」は、ノーゴー行動を覚えるのに、一番いい遊びです。

何かをさせないようにするとき、我慢させてはいけません。

積極的にしないようにさせるのです。

ノーゴー行動ができたら、**積極的にほめましょう。**

ノーゴー行動を学習しなかったら、ストップは、いつまでもできるようにはなりません。

② 首がすわりだしたら、「平衡感覚」をきたえる働きかけを

——運動能力の個人差は親次第！

親は、赤ちゃんを抱くとき、腫《は》れものに触るように、気づかってやさしくそっと抱き上げ、抱きおろすものです。

このぎこちなさも、慣れてくるとなくなり、思わず荒っぽく抱いてしまうこともあります。

このとき、赤ちゃんが身をすくませ、震わせるようにして、拒否反応を示す

ことがあります。

それは主に、手が不安定に動いたからで、不用意に何度も続けると、怖いという感情を抱いてしまい、臆病で用心深く消極的な性格になってしまいます。

大らかな物怖じしない、明るく元気な赤ちゃんになってほしいと願うなら、**首がすわるまで、やさしく接してください**。

首がすわりだすころになると、お母さんは赤ちゃんの扱いに慣れてきます。

赤ちゃんは、**頭の位置が変わることで平衡感覚《へいこう》を身につける**ので、自分のまわりの様々な環境を理解しています。

首がすわりだして目も動くと、一段と表情は豊かになり、あどけないかわいさで、いつまでも相手をしていたくなります。

このときが、**「平衡感覚《バランス》」をきたえる働きかけを始める絶好の時期**です。

あらゆる機会を狙って行います。

まず、朝起きたときに、**「今日はご機嫌いかがですか」**と身体を左右に大き

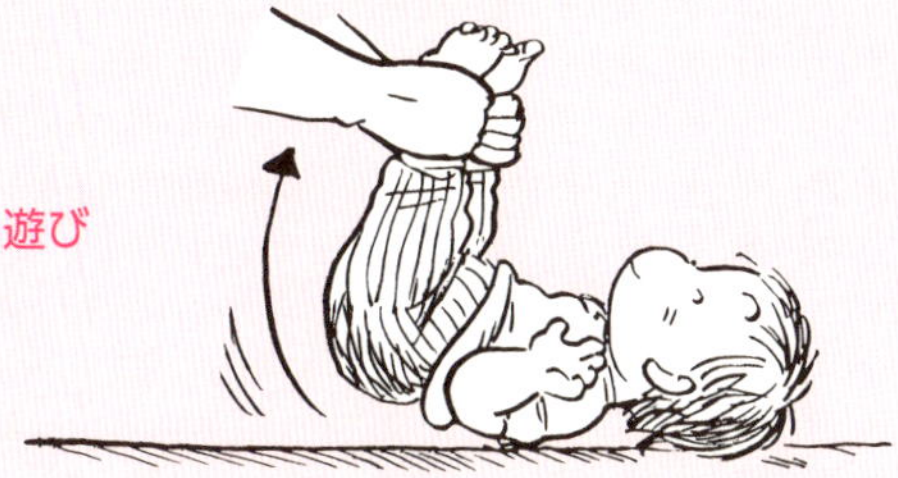

く動かしてから抱き上げ、おろしてください。

こうすると、赤ちゃんの目玉が動きます。

不安げで落ちつきなく目玉が動くときは、見つめ合って声がけし、ゆっくりと抱き上げてください。

そして、スピードを徐々に上げていき、親の動きの変化に慣れさせます。

赤ちゃんが荒っぽい動きにも対応し、楽しく応じるようになるまで、毎日くり返しましょう。

赤ちゃんが自分の頭の動きに応じる感覚が芽生えたら、朝の挨拶、オムツ替え、満腹時以外は、**逆さづり遊び**（↑上記イラスト）などをとり入れ、平衡感覚をきたえるための働きかけをしてください。

ここで、月齢に対応する働きかけの例を2～3つ紹介しましょう。

◉ゴロゴロ、寝返り

生後1か月からは、オムツ替えの時間を利用して、手や足をさする、動かす、

「タオルぶらんこ」

「高い高い」

いわゆる**オムツ体操**（➡詳細は『赤ちゃん教育――頭のいい子は歩くまでに決まる』124〜137ページ参照）をしますが、それに加えて平衡感覚をきたえるための働きかけとして、床にあお向けに寝たまま、身体を左右にゴロゴロ動かします。

はじめは、頭の動きは少ないのですが、だんだんお母さんの誘導に合わせて、うまく動かせるようになります。

運動を覚えさせるには、少しずつ、**「回数」を多くすること**が大切です。

応用として、**「タオルぶらんこ」**や**「高い高い」**（➡上記イラスト）など、お母さんやお父さんの足や身体を使ってお子さんを動かしましょう。

話をしながら、歌でリズムをとり、楽しい運動時間を確保できれば、身体を動かすことが好きな子になります。

逆立ちやでんぐり返しも、早くから丁寧に時間をかけて教えてあげると、おすわりができるころには、上手に喜んでやるようになります。

赤ちゃんの運動能力の個人差は、**どのように親が赤ちゃんに関わり、適切な働きかけをするか**にかかっています。

平衡感覚をきたえるためと難しく考えずに、**体を動かすことを楽しくくり返して行う**ことができればいいのです。

身体の動きがいいか、身体を動かすのが好きかは、動きが激しい幼児期の行動にはっきりと現れます。

お母さんがどこに愛情を込め、あきずに働きかけたかが如実に出ます。その効果は、まず二足歩行がいつごろできたかで、大まかな判断ができます。早く歩けることは発達がよいと言えます。つまり脳の発達がよいのです。すると、身体の動きのぎこちなさがなくなり、いろいろな知的好奇心も旺盛になるように導くことも容易になります。

競博士のひと言

頭が動いても、手や足がうまく動いて、安定した感じが平衡感覚《バランス》です。この感覚がうまく働かないと、人間が生活する3次元の世界でよい姿勢をしたり、うまく運動したりすることができません。

ネコを頭の上に放り上げても、うまい姿勢をとって着地します。

ネコの頭の位置が変わっても、安定した姿勢がとれるのは、耳の奥にある内耳《ないじ》に受容器があり、加速度（動きのスピードが変わる）が加わると、直線方向（上方、下方、前方、後方）や、回転方向（水平、上下、前後）へ頭部が動き、姿勢と眼球の動きが安定するからです。

このときに働くのが、〝**前庭迷路《ぜんていめいろ》反射《はんしゃ》**〟です。

加速度の情報は、前頭前野、運動前野や「体性感覚連合野」（→27ページ図1）で処理されます。

3 ころんでも、前に両手を出し、身体を守ることを教える

——平衡感覚をきたえる遊び

2〜3歳ぐらいまでのお子さんには、平衡感覚をきたえる遊びをさせてください。

このころはよくころびますが、案外大きなケガをしないものです。

ところが、4〜5歳になって初めて前にころんでしまうと、両手を前に出して手を先につけず、自分の身体をうまく守れずに、ケガをすることが多くなります。

ころび上手な子は、よく動き回っているものです。たとえころんでも、本能的に防御して、大きなケガはしません。

これは、ふだんから平衡感覚をうまくとれるような遊びをして、身軽になっているからです。お母さんは、身体がうまく動かせるよう、一緒に遊んで手助けしてあげてください。

ちなみに、手の働きに、「利き手」と「非利き手」がありますが、最近は生活様式の違いから、非利き手を使わずに、両手を同時に使うことが少なくなりました。

洋食が多くなり、食器に手を添える食事が少なくなっています。スプーンやフォークで食べるときは、非利き手の位置をあまり注意しません。

転ぶときに両手を前に出せる子

砂場で両手を使う子と、手を添えて食べる子

両手を使い分けて用をたさなくてもできているから「いい」と、親も注意を怠っています。

幼児が走るときでさえ、左右の手の位置がズレています。

このように、〝片手使い〟が増え、手を添えるしぐさが消えてきていますが、両手を同時に前に出し、身体を丸く、やわらかく力を抜いたころび方をするには、**利き手と非利き手で差をつけないように働きかける**ことが大切です。

おすわりができるころから、両手を同時に前に出すように導いてあげてください。

競博士のひと言

「前庭迷路反射」がうまく働いていると、ころびません。頭の動きの変化に、手足がうまく動いているからです。しかし、異常な刺激が加わったときは、状況を判断して、積極的に頭を動かして新しい反射を起こさないと、ころんでしまうのです。

3次元の世界で頭を動かす運動をしないと、平衡感覚はきたえられません。きたえられないと、運動能力の低い子になってしまいます。ぜひ、きたえてあげましょう。

4 紙をビリビリ破ることを教え、同じ紙でテープをつくろう
――手を器用に動かす働きかけ

1～2歳ごろの子は、よく新聞や本を破ったりして困ります。「ビリビリ」という紙を破る音がいいのか、その感触がいいのか、とにかく大好きです。

破られてはいけないものを子どもが破ったときは、必ず破らないように注意します。

同じ雑誌でも、中とじの金具を除き、バラバラにして「**これなら破ってもいいよ**」と言って与えてください。

新聞も本も包み紙も、親の許可を得ずに破いている場合は、その手を止めて

破り方を教える
絶好のチャンス！

子どもの手から離し、破ってもいいものだけを破らせます。

紙の質によっては、肌を傷つける場合もあります。

でも、あまり怖がらないで、経験として子どもが手の技を磨けばいいのです。

私はそんなときに、**「破り方」を教える絶好のチャンス**として活用しました。

子どもが紙を破りだしたら、**お母さんは横で、子どもと同じ紙で縦に長いテープ**をつくります。

何本も、細いテープを懸命に、そして**楽しそうにちぎって**あげてください。

子どものほうからお母さんの手元に興味を持ち、そのテープをとりにきたら、並べたり、折ったり、ちぎったりなどの遊びをします。足りなくなったらテープをつくって与え、ひとり遊びをさせます。

もし、テープを自分でつくろうとしたら、お母さんはテープをつくる高度な手の動きができるようになったと判断し、しっかり教えてください。

紙にも縦目と横目があり、さきやすい方向があります。

また、あらかじめ折ってあげて、破りやすくしないと破れない紙もあります。

お母さんはいろいろな紙を使って、テープをつくってあげてください。

この遊びは、手を器用に動かすための働きかけですが、テープでどう遊ぶかは、**お母さんの誘導次第**です。

うまくお子さんが遊びに入り込み、長く興味が続くようにしてあげてください。

お母さんの行動をマネることで、徐々に覚えていきます。

お母さんも遊び好きになってください。器用な手にするためには、楽しい遊びの中でどんどん働きかけます。

このころには、「好き」「さほど好きでない」「全然興味ない」など、お子さんの好みの特徴も出てきます。

競博士のひと言

手を器用に動かすときには、運動前野（6野→27ページ図1）が働いていますが、不器用な動かし方では働きません。

器用に動かせるようにするには、お母さんも一緒に遊んで、手の動きを見せて、マネをして破らせます。

運動前野の外側部には、鏡《かがみ》神経細胞（ミラーニューロン）があり、人のマネをするときに働き、器用に手を動かすのを助けます。

手を器用に動かすときには、運動前野の神経細胞が働きますが、お母さんの手の動きを見ているだけでも、子どもの手は動きやすくなります。

破るのをマネて手を動かすと、早く上手に破れるようになるのです。

5

おもちゃとハサミの使い方を教えるタイミングは？

——基本的な身体の動きを会得させよう

手を器用に動かすことができるためには、子どもの発達に合ったおもちゃを使わなければなりません。

単純なもので、応用ができ、長く遊べるものがベストです。

道具は、最初から正しい持ち方と、正しい使い方を教えます。

なによりもまず、**道具を子ども自身が使いたいと思うように仕向け**ましょう。

私は、箸を持つのも鉛筆を持つのも、本人から持ちたいと望んだときに、しっかりと正しく持たせました。

本人が使おうとしないときは、一切教えません。そのときは、親がうまく使っているところを見せるだけです。

子どもには、新しいことに挑戦し、成功したときの喜びを味わってほしいものです。それがやる気を引き出し、難しいことにもチャレンジできる子に育てる早道だからです。

私は、手や足だけでなく、身体の動きを早く覚えてもらうための遊びを選んでさせました。

握る、つかむなどの動作ができないと、正しく箸は持てません。

幼児が**しっかりものを持ち、つまみ、つかみ、背筋をまっすぐ伸ばしてすわれないと、いくら箸を持たせようと手を添えて教えても、成果は挙がりません。**

1つの動作ができるには、たくさんの基本的な身体の動きを、会得しないといけないのです。

一足飛びに背伸びさせても、結果は出ません。

単純なくり返しの回数で技術は向上できるのです。

道具を正しく持てる、身体を正しく動かせるというのは、道具や身体の機能を十二分に活用しながら、ムダのない筋肉の動きができている、ということです。

赤ちゃんのころを思い出してください。

目の動きに合わせて首がやっと動き、頼りなく危なっかしくて、抱くにも頭を支えましたよね。

首はすわったけど、背骨は丸くなってグラグラ。安定したかと思うと、すぐ反《そ》り身になって、思わず落としそうになる。細心の注意を払って接していたはずです。

授乳したり、お風呂に入れたり、抱いたりすることで、赤ちゃんの筋肉はきたえられ、しっかり首がすわってきます。

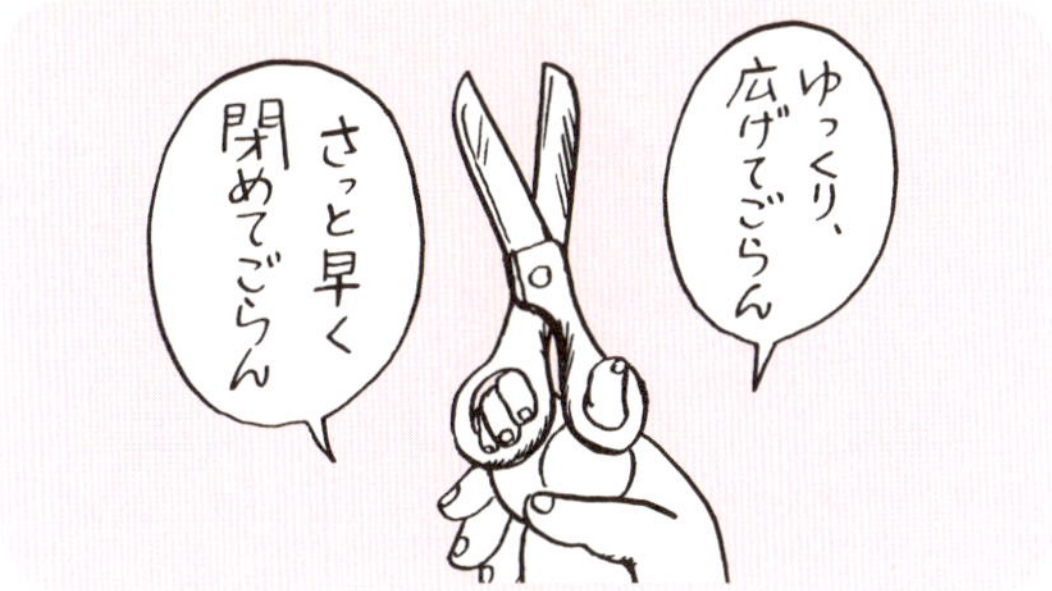

オムツ替えのときにも、黙々と作業するより、語りかけたり、手足をなでてあげたりするだけでも、手足の動きがよくなるものです。

同様に、道具使いも、**ちょっとした親のひと言**があるのとないのとでは、ずいぶん違ってきます。

たとえば、ハサミを使う場合、親指とほかの３本の指を入れる穴の大きさが違うものや、少し重いものを用意します。

「**こっちの小さいほうに親指、こっちの大きいほうに人差し指も中指も薬指も入れて、小指も入るかな？　入れば４本の指を入れて、持てるかな？**」

と言って手首を支えてあげながら、

「**手を広げるとハサミが開くよ**」

「**ゆっくり、広げてごらん**」

「**閉めてごらん、さっと早く閉めてごらん**」

と言います。少し重ければ、ハサミを広げるときに助けてあげましょう。

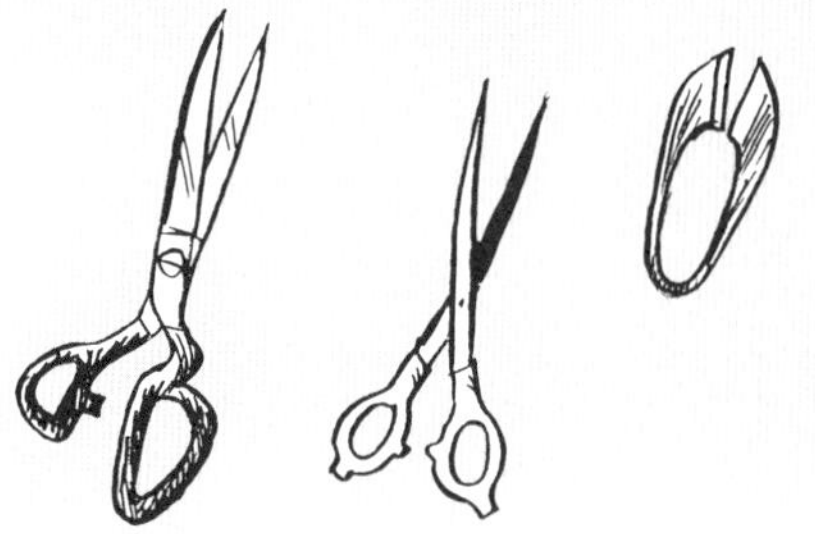

閉じるときは、手助けしなくてもすばやく閉じられるように練習します。こうすると、**持った道具に合う筋肉の動かし方**を覚えられます。

その後に紙を切らせますが、成功してもらうために紙も選びます。力をコントロールできるまでは、どんなに刃物がよくても、紙がやわらかすぎても、硬すぎても切れません。

また、「直線切り」は、親指を主に動かして切ります。

巧みに小きざみに切るときは、肌を傷つけないように親指を固定して、ほかの指でうまく力をコントロールして動かします。

丸く切ったりする複雑な動きには、5本の指を使い分けます。


ハサミも用途によっては形も様々（↓上記イラスト）ですが、最初に使うハサミは感覚を身につけるためのものです。**まだまだ刃物は親の監視のもとで使うもの。勝手に使うことは許しません！**

小さいうちから、便利な道具を使わせる必要はないのです。

指先で巧みに紙テープをつくれる子は、ハサミが使えるころになると、テープ切りなども難なくできます。

しかし、ハサミをうまく使える子が、指先で紙をうまく切ることができるとは限らないのです。両方練習させましょう。

競博士のひと言

何かをするのを助けてくれる道具や器具（箸、ハサミ、バイオリンなど）の使い方を教えるとき、これらに興味を持たせることが第一です。

興味がないときに使って、説教してしまうと、とたんに興味をなくします。

興味を持ち続けるためには、**前頭葉をうまく働かせるシステム――中脳皮質辺縁系**（動機づけの回路↓33ページ図2）を働かせ続けなければなりません。

上手に使えるようになるまで、使い方が下手でもほめて、続けさせることが大事です。

お母さんは、何をごほうびに与えるか、絶えず考えていきましょう。

6

自己主張し始めた〝絶好の機会〟を逃すな

――ほめ言葉と誠実な批判がやる気をはぐくむ

1・2・3歳児は、「ぼくがやる」「わたしがするの」「ぼくの」「わたしが先」と、自分にこだわる時期があり、執拗に自己主張をくり返します。

親から見て絶対にできないことでも、「できる」と言い張ります。

これは、「我ここにあり」と、自己顕示に目覚めたときなのです。

極端なのは、したくないことやできないことでも、ひとまず手を挙げます。

この時期が、**やる気を飛躍的に早く身につけるチャンス**です。

私は、この絶好の機会を、**絶対逃しませんでした**。

その子にはちょっと難しいかなという場合は、「**ダメよ、まだ無理だと思うけど、やってみる?**」ともったいぶりながら、ときには半信半疑でさせます。

絶好の機会を
逃すな！

出来が悪くても、でき上がったものが使いものにならなくても、何度もやれば器用になるものには、**賛辞を惜しみません**でした。

「こんなにできるんだ！　すごいね、またしてね」

「これはちょっとまずいけど、私でもできないよ。いつのまに、こんなにできるようになったんだろう！」

と言って、危険がないものはさせました。そして、数多く失敗させました。

私の息子はよく、ふとんの上げおろしを手伝いたがりました。

まだ早いと判断した私は、ふとんを抱えさせて、その上から私の体重をかけて、息子に尻もちをつかせました。

そして、「**早く大きくなって手伝って**」と、息子ひとりではまだできないことがあるのだと悟らせました。

この時期には、何にでも挑戦したがります。

大いにしたいことをさせて、親の計算どおりの成功と失敗をさせてください。

身のほどを知らせる、よい機会です。

ほめ言葉と
誠実な批判を

ただし、**成功には最大の賛辞を、失敗には励ましを使い分け**ます。

ほめてばかりではいけません。**かえって逆効果**です！

ほめ言葉と誠実な批判が、子どものやる気を育てます。

「まだ早い、しないで」という親の言葉に、素直に従うことができると、うまくできるためには努力が必要だ、ということもわかり、積極性を失うことはありません。

やりたいときにやらせて、その**上達ぶりを大げさに表現**してください。

「**ワー、上手ね。こんなにできるとは思わなかった**」

「**これなんか、お母さんより上手ね**」

という具合に。息子には、

「**あなたの年で、そのぐらいできたらたいしたものね**」

が、私の最大級の賛辞でした。

競博士のひと言

子どもから「する、できる」と言ったときには、できるように仕向け、できたらほめます。ほめられると自信が生まれ、気分もよくなり、ほめられた行動をよくするようになります。中脳皮質辺縁系（動機づけの回路）には、快感を感じる〝**側座核**〟と呼ばれる場所があります（↓33ページ図2）。

7

親の欲を子育てのパワーにせよ

——五感の発達の手助けになる方法

わが子の成長につれ、「より賢く、よりすこやかに」と親は願います。内心はわが子だけが他人より賢く、すぐれてほしいと欲張ります。誰にでもある親の欲ですが、その欲がいろいろなことを教えてくれます。親の欲が子育てのパワーになります。

しかし、心しなくてはならないのは、**自分がわからない知識やレベルの高い**

ものは、子どもには教えられないということです。

親の持っているものは、よきにつけ悪しきにつけ、子どもは身につけていくものですから、**自分の生き方、価値観、行動のすべてをわが子の身体に〝刷り込んで〟おく**ことです。

やがて、それを子は子なりに消化して、広げていきます。

私は本当にくだらないことでも、少しずつ教えました。

たとえば、私は「**足の指を一本ずつ意識して動かす**」ことができるので、それをわが子に教えました。

足の指相撲、足指を使った絵描き、罰則の中にある足の指でつねることまで教えました。

指をパチンと打ち鳴らすことも、**口笛**も、**ウィンク**もよくして遊びました。

これはその後、子どもたちにどのように活用されたかわかりません。

できたほうができないよりましというものから、立派に役立ったものまであります。

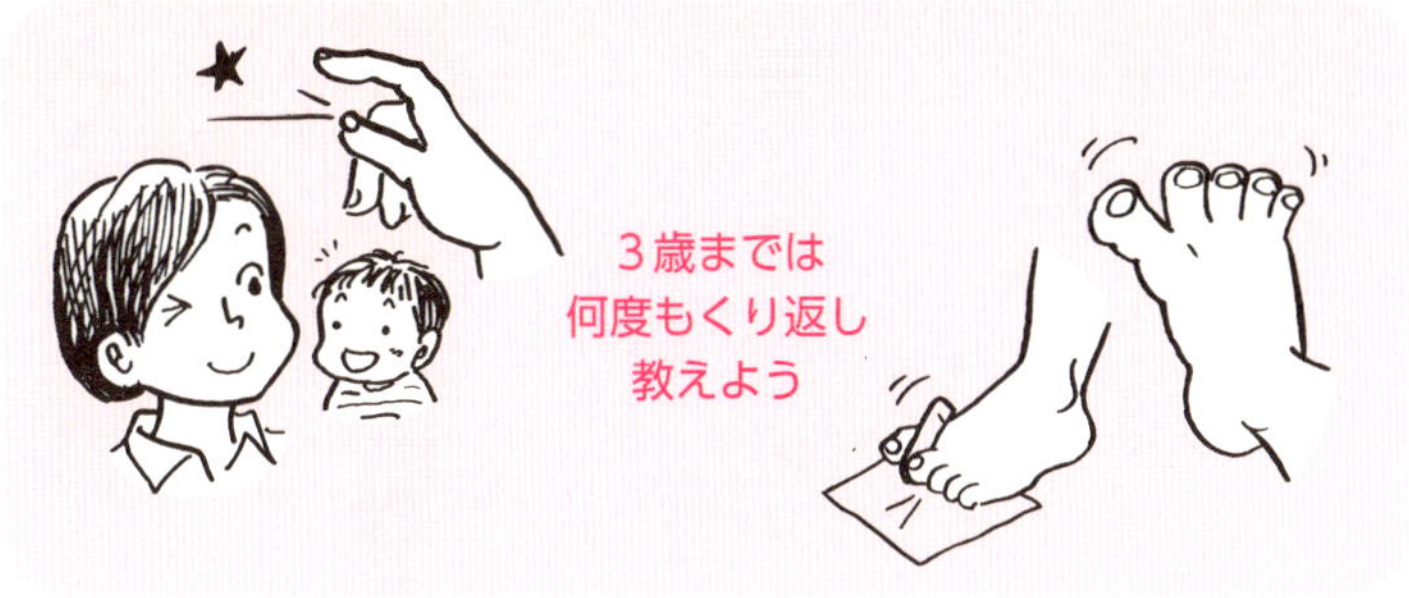

それらは、子ども自身が生活の中で知ることであり、親の知りえぬことです。生まれたときの狭い視界を早く広げるような働きかけをして、可能な限り視野を広げてあげましょう。

このような基本動作をしっかり身につけ、それぞれの機能が十分に発揮するような働きかけをします。

赤ちゃんから3歳までの幼児教育は、**理屈でなく、何度もくり返しできる環境と働きかけで感覚をきたえる**ことに尽きます。

これが、五感の発達の手助けにつながるのです。

競博士のひと言

感性を豊かにし、頭の働きをよくするものは、どんどん教えましょう。見える範囲のものは、よく見えるように。聞こえる範囲の音の周波数や強さもわかるように。手や足の指は1本ずつでも、数本まとまっても使えるように。

ほかの子ができない、自分だけできる特技だとわかれば、**行動する自信**が生まれてきます。すると、リーダーシップをとって遊びだしますから、いろいろ試してみましょう。

ほかの人を喜ばすことを考えているときには、前頭前野が働いているのです。

8
〝靴底の減り具合〟でわかる「よい歩き方、悪い歩き方」
――正しく歩く「基本」を教える

私の次男は、1歳までに歩き始めました。当初、医師に早すぎるので足首を保護する特別の靴を履くように注意されたほどです。

長男は、3歳時に自動車事故で右大腿骨を骨折し、少しO脚ぎみでした。

そういうこともあって、歩き方がうまくできているか否かのバロメーターとして、**靴底の減り方に気を配る**ことにしました。

靴底が平均して減るような歩き方をするようにして、少しでもいびつに減ると、靴を新しいものと交換しました。

靴底の
減り方に注意！
新しいものに！
裏から見た靴の底

子どもの靴の減り具合に差があるようなら、**正しい歩き方**（↓107ページ）**を手とり足とり**教えてください。

将来どんな運動をするとしても、正しく歩くことが基本になります。

運動会に行くと、歩く姿を見ただけで、あの子はかけっこが速い、遅いと当てられるほど、それぞれ特徴のある歩き方をしているものです。

しかし、**かけっこの速い子は、歩くスタイルもほとんど同じ**で、運動が得意か得意でないかは、この差によく現れます。

競博士のひと言

よい動きは、子どもの身体に覚えてもらい、くり返し学習させ、早く覚えさせましょう。運動は、くり返し行うことで、きちんと身につけられます。

いちいち理屈を説明する必要はありません。子どもに見せて、マネさせるだけでOKです。

9

階段ののぼりおりで「歩行の基本」をマスター
——カヨ子式3ステップトレーニング

二足歩行ができ、「ストップ」の声で動きを止めることができるようになっても、**油断は禁物**。

ただ、ケガを恐れていては、何もできません。

大きな事故を起こさないよう注意しながら、子どもの行動範囲を広げていかなくてはならないので、目の離せない時期が続きます。

子どもの行動を手助けしながら、脳を発達させられれば、この目の離せない時期を短縮できるばかりでなく、**子育ての醍醐味を味わえる2度とない喜び**を受けられます。

階段ののぼりおりは、子どもの興味のある行動の1つです。

階段ののぼりおり
トレーニング

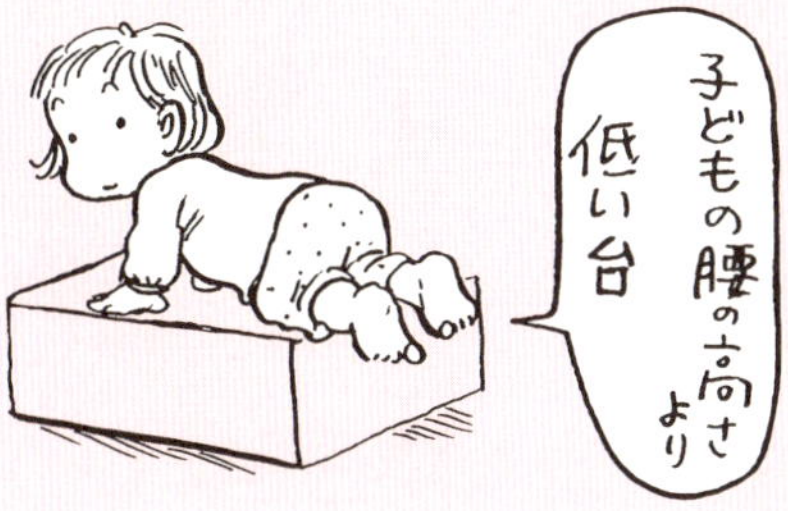

自分の家に階段があると、子どもは、早くからのぼり始めます。

四つん這いのハイハイのときに、歩く前提としてよい教材になるので、私は家の階段を利用しました。息子が勝手にのぼらないように、**上がり口と下がり口に柵をつくり、棚を開け閉めしながら、段階的に練習**をしました。

ただし、一段ぐらいの段差でも、転落事故で大事に至るケースもあり、子育ての不安はつきまといます。

絶対に事故を起こさないように、くれぐれも注意しながら練習してください。

階段ののぼりおりトレーニング

●練習1

子どもの腰の高さ（股下）より少し低い台を用意します。

まず、後ろ向きに四つん這いにして、片足（利き足）を台のへりからおろすように引っぱって、ちゅうぶらりんにし、床につくように促します。

怖がっていたり、なかなか足をおろさないときは、お母さんの手を床代わり

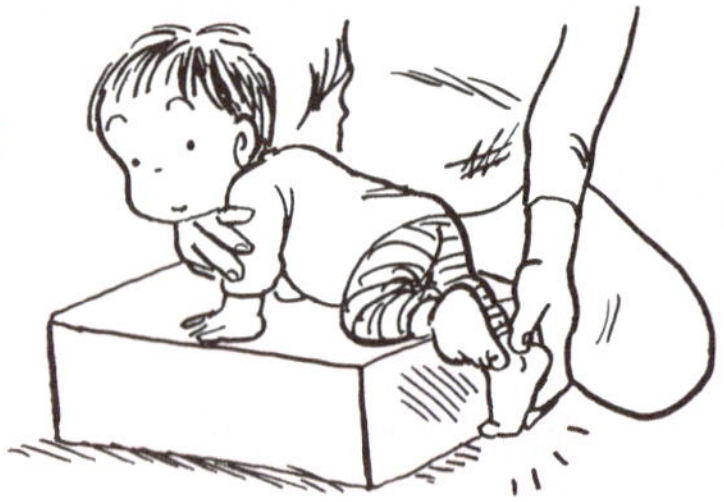

にし、「**お母さんの手に載ってごらん**」と、その手をゆっくり床に近づけておろします。

このとき、お子さんの上半身を軽く支えてあげてください。

くれぐれも足首を引っ張って、床に足を無理につけないように。

このようにしながら、2～3回、片足を床につけます。

片足を自分で床までおろせるようになり、上体を倒したまま、その足に体重をかけられるようになったら、もう一方の足をゆっくりと下におろし、二本足をそろえて立たせます。

この間、お母さんは、**お子さんの上体の姿勢**に気をつけてください。

また、手だけ使って椅子からすべりおりたり、おなかに体重がかかって、足だけブラブラさせておりられないときは、この台での下がり方を練習させてください。

この練習によって、自分でおりられるかどうか、階段を見ただけで感覚的に

判断できるようになります。

のぼりは、ほとんどの子がすぐにできます。お母さんが手とり足とり教えるのは、**おり方**のほうです。

危険なのは、階段や段差からの転落ですので、**しっかり片足が床についてから身体の移動を行う**ことを教えてください。これは**歩行の「基本」**です。

●練習2

次に、子どもの腰の高さに合った台などを使って、のぼっておりる練習です。

十分注意しながらのぼって、ハイハイの姿勢でおりる体勢に持っていきます。

体重のかけ方、足のおろし方、片足がしっかり床におりて次の動作に移るときの身体の動きなど、細かな点に気をつけて遊ばせます。

注意しながら、台の上に立ち上がってする動作もやらせましょう。

●練習3

最後に、低い台の上に上がり、**向きを変えずに後ろへ下がる練習**です。

階段は危ないので
十分に気をつける
ことを教えよう

お母さんの手の介助と言葉がけで、「1、2、1、2♪」と、片足ずつリズミカルに動けるようにします。

お母さんは常に子どもに、「**階段は危ないから十分気をつけること**」を教えてください。

お年寄りは、わずかな段差でもつまずきます。同じように、幼児もつまずきやすいのですが、幼児は怖いもの知らずなので、向こう見ずな行動をします。

歩く、動く、止まるなどの動きかけは、やりすぎということはありません。

十分注意しながらやらせましょう。

競博士のひと言

階段ののぼりおりは、歩けるようになったばかりの子どもには難しい運動です。段差を予測して、手足をどのように動かせばいいかわかっていないと、うまくできません。段差のない坂道で練習できればよいのですが、身近にあるとは限りません。

一歩一歩どう動かし、どこに着地させるかを考えさせ、注意深くのぼりおりをさせます。

難しい運動の仕方を覚えるときも、同じやり方です。**やさしいことから難しいことへ、一つひとつ予測しながら**教えます。新しいことを学習するときも同様です。注意しながらやらせましょう。

10 なぜ、「歩く」よりも「すわる姿勢」が先決なのか
――「うんこちゃんすわり」と「ぺちゃんこすわり」

昔は、中学生くらいになると、運動部の練習で「うさぎ跳び」を何十回というハードなノルマを課されたものです。

よく見ると、うさぎ跳びの姿勢は、難しいバランスのとり方をしています。

和式のトイレで、しゃがんで用をたしていた我々の世代は、腰を下げ、全身の重みを膝から下にかけ、しゃがむ姿勢を長時間保つことができます。

一日に何回もこの姿勢をとる人は、お産も軽いと言われていました。

わが子の足腰をきたえるために、「**うんこちゃんすわり**」でアリの行列を見せたり、地面に絵を描かせたり、スコップで花の苗を移植させたりしてください。

徐々に、あぐらや正座もさせましょう。足の形が悪くなるからとこの姿勢を禁じている方はともかく、日本に住み、和の文化で生活しているわけですから、**和の動作の基本**も子どもに身につけさせておきたいものです。

子どもの成長に合わせた椅子にすわらせていますか？

身体に合わない椅子にすわっていると、背骨に歪みが出てくることがあります。

親から離れて幼稚園や保育園での生活が始まり、歪みを修正しないままにしていると、10歳ごろに背骨の歪みが見つかります。

最近では、「背骨のSカーブが強すぎるのでは？」「腰のところに、しこりのようなコブがある」「猫背で肩が前かがみになっている」「いつも横すわり（↓

上記イラスト）をする」「片足を組む」など、身体に歪みのある子を見かけます。

床の上にそのまますわれば、背もたれがないので、前かがみにならないよう無意識のうちにバランスをとり、背筋をまっすぐに保とうとします。

できるだけ、**男の子には正座とあぐら、女の子には正座と交互の横すわり、あるいは両足を広げてその間にお尻を置く「ぺちゃんこすわり」など、左右の足に均等に体重がかかるすわり方**をさせて、バランスをとらせるようにしてください。

背筋を伸ばすことを教えるだけで、ラクな姿勢に落ちつきます。

そうすると、自分の体重を一番安定したところに持っていけば、背筋を伸ばし、正しい姿勢が長く保てることを体得できます。

それによって、すわったままで手を動かすときにも、体全体を動かすときにも、背筋が伸びていると、動かしやすいことを〝感覚〟として覚えられます。

歩くよりも
すわる姿勢が
できることが先決

昔は、赤ちゃんを早くから歩かせると、「ガニ股になる」「背中が曲がる」「よくつまずく」などと言われたものですが、確かに一理あります。正しく立ち、二足歩行するには、足の筋肉が発達するだけでは不完全だからです。歩けるようになる前に、**背筋を伸ばしてすわり、左右の手を均等に使って遊べる「すわる基本姿勢」**を保てなければなりません。**歩くよりも、すわる姿勢ができることが先決**なのです。

競博士のひと言

しゃがむ姿勢は、昔の日本人の生活では、できなければ不便でした。洋式トイレのないときや、椅子のないところでは、しゃがむ姿勢が必要になりますから、上手でなくても、ある程度しゃがめるようにしておく必要があります。昔は、正座をするときに、姿勢を注意されたものでした。椅子中心の生活になると、そのことを忘れがちなので注意しましょう。

11

「足踏み体操」を毎日数回するメリット

――左右同じようにできるまで続けるコツ

2〜3歩ほど歩くと尻もちをつき、前に手をつくころになると、親は「カタカタ」と呼ばれている手押し車やキャスターつきの椅子などを子どもに与え、長く歩行が続くように願うものです。

ひとり歩きをしているときの足もとをよく見てください。

足裏全面を床につけてから、けりだしていませんか？

雲の上をひょいひょいと飛ぶような足どりで足を先行させ、後から身体がついていったり、身体が前かがみになって足が追いかけるタイプの子もいます。

いずれにしても、足の運びが速いのです。

そうすると、足の親指側に体重をかけてぐらついたり、足の小指側に体重を

かけてかかとが浮いたまま、次の動作に移行したりします。足が床につくたびに、足裏の重心をかける場所も違ってきます。

足の筋肉が弱いと、ゆっくりと丁寧に足を運べないのです。

歩く筋肉をきたえるには、「**足踏み体操**」が最適です。

まずは、子どもを立たせます。

両足をそろえたら、足裏全部がきちんと床につくように、**甲の上からお母さんが手で押しつけ、その姿勢を保たせます**（↓上記イラスト）。

次に、**押さえていた足の甲からお母さんが力を抜くと同時に、子どもに足を上げるように促します**。

上げたとたんにすぐ足が下がるときは、ときどき足裏に手を入れて、足を持ち上げる手助けをしてあげてください。

片足に負担をかけるのは、その足の筋肉をきたえていることにもなります。

左右交互にできたら、1、2、3、4、5と、**5歩ぐらいの足踏みを毎日数回**やってください。

体重の支え方、足の上げ方が、左右同じようにできていると感じられるようになるまで続けましょう。

左右差があっても、**弱いほうばかりを動かすのはダメ。左右とも同じ回数を何度か時間をズラして**行います。

赤ちゃんは左右とも未熟です。左右とも同じようにして、自分の感覚で左右の違いを調節できるようにしてあげてください。

これが〝**発達**〟です。

赤ちゃんでも利き手、利き足の違いはありますが、あまり差のない力の入れ方を赤ちゃんに教えてほしいのです。

競博士のひと言

「足踏み体操」は、**片足で立っている時間を長くする練習**で、徐々にうまく歩けるようになります。

通常、歩くときに足をおろすと、かかとが地面について、次に指先がつきます。足を上げるときは、かかとを上げてから指先を上げます。

足踏み体操でも歩行でも、この順序は変わりません。

この動きは人間独自のもので、ほかの動物は、足首を伸ばす筋肉と縮める筋肉が同時に収縮して地面につきます。人間の動作は、練習しないとできないのです。

⑫ 足の指を一本一本つまんで動かす

――〝足指チャンバラ〟で遊びながら脳をきたえる

赤ちゃんはダンボールの中に入るのが大好きです。

ぜひ、**ダンボール箱を利用した遊び**をさせてください（↓上記イラスト）。

赤ちゃんがやっとしゃがむことができる床面積で、**胸ぐらいの高さ**のものを用意します。ない場合は、新たにつくってあげて、この中で足踏みをさせます。

疲れたら、しゃがみこんで、好きなテレビや音楽を鑑賞します。

ダンボール箱が前に倒れないように机を置き、左右と後ろはざぶとんなどを

遊びながら「後進」をマスター

囲んで、倒れたときのショックをやわらげるための万全の措置をしておきます。

それから、「足踏み体操」を始め、歩行とは異なる足の動きを自習させます。

やがて、つま先立ちをしたり、踏んばって箱を倒したり、尻もちをついてそのまま前に箱を倒して這いだしたりなど、いろいろな動作が教えないでできるようになります。

お母さんはわが子の知恵に拍手をして、この遊びは卒業です。

次に、「**後進**」を教えましょう（→上記イラスト）。

歩きだすころ、「前進」は得意ですが、まだ「後進」はできません。

手をつないで前進、横に足を広げる横歩き、後ろ向きに進む〝後ろ歩き〟をして、**遊びながら「後進」を覚えさせます**。

お母さんはリーダーですから、自分でうまく後進できるか、横に進めるかどうか予習して、しっかり**リーダーシップ**をとってください。

スポーツ嫌いな人や得意でない人に案外クセがあって、正しい足の位置がとれないことがあります。

子どもが将来、どんなスポーツを好きになるのかわかりませんが、**どんなものでもこなせる基本的な動き**を、歩けるようになったら覚えさせ、お母さん自身も美しい足の運びができるよう、お子さんと一緒に励んでください。

そうすれば、いったん覚えた動きを修正するのが非常に難しいことを、お母さんは身をもって知るはずです。

初めて覚えたことが難しいことなのか、やさしいことなのか、赤ちゃんはわかりません。赤ちゃんにとっては、**常に未知への挑戦**なのです。

歩くことができると、赤ちゃんの体型は変わってきます。

特に、お尻の形が変わります。それまでの、ブヨンブヨンした感じがなくなり、しまってきて、小さな固いお尻になります。赤ちゃんから幼児のお尻になっていくのです。

このころ、靴下を履かせるときには、子どもに自分の足をよく見せるようにしましょう。

「小さな足だね」「こっちの足、右の足、この指を動かしてごらん」と、**足の**

足の指一本一本を自分の意志どおりに動かす「石垣のぼり」

指を一本一本つまんで動かすことを促します。

足の指を触りながら、左右の足の指の名称も、**お子さんが歌える**ように、くり返し話しかけて動かしてみます。

それから靴下を履かせます。指をお母さんの言うとおりに動かせたら、靴下を履かせるのがとてもラクになります。

お子さんも、マネしてひとりで挑戦したがるようになるでしょう。

以前、高台にある家に頑固なおじいさんが住んでいましたが、その家のまわりに、2メートルほどの石垣がありました。

玉石を巧みに並べたもので、表側には石の4分の1～5分の1ほどしか出ていません。

その石垣に悪ガキどもが、はだしでのぼり、縁側のおじいさんに見つかって怒鳴られていましたが、石垣をのぼるには、**足の指一本一本を自分の意志どおりに動かせないとできません。**

足の指を広げ、石を包み込むように絡ませる動かし方ができると、手の力と

足の指に割り箸を挟んで、
“足指チャンバラ”

ともに軽々と身体を移動できるのです。

最近は、「いつのころからか、ここをのぼる子がいなくなった。いったい子どもは何して遊んでいるのか」とおじいさんは嘆くようになりましたが、実際のところ、「外で遊ぶ、道端で遊ぶ、道のまん中でケンケン」などの風景が、以前より少なくなりました。

家の前の私道ギリギリに入り込む車もあり、様々な弊害が子どもたちから遊びの世界を奪ったからです。

足の動きと足の指の動きを、遊びの中に組み込んで、ぜひできるようにしてあげてください。

足の指に割り箸を挟んで、〝**足指チャンバラ**〟(↓上記イラスト)をするのもいいでしょう。

お母さんのほうがうまく動かせないときには、

「**よく動くね。お母さんより上手だね。お母さんも小さいときに、もっと練習しとけばよかったね**」

とほめてあげてください。

なお、靴を履くときには、しっかり**左足と右足の違い**を教えます。どちらかの靴を右足に履くか、左足に履くかをろくに教えもしないで、「それは違うでしょ、今持っているのは左足のでしょ」などと言ってしまうと、うまく履けるようにはなりません。

競博士のひと言

二足歩行は人間特有のものです。幼児の場合、前歩き（前進）、横歩き、後ろ歩き（後進）、斜め歩きもできるようにしたほうが、歩く能力が高まります。

これができると、見る世界が広がっていきます。できるだけ早い段階で、外の世界を知って、行動することを覚えなければなりません。

長時間歩くために、靴下を履いて靴を履くのは足の保護のためですが、その状態でもしっかり指を動かせるように訓練しましょう。

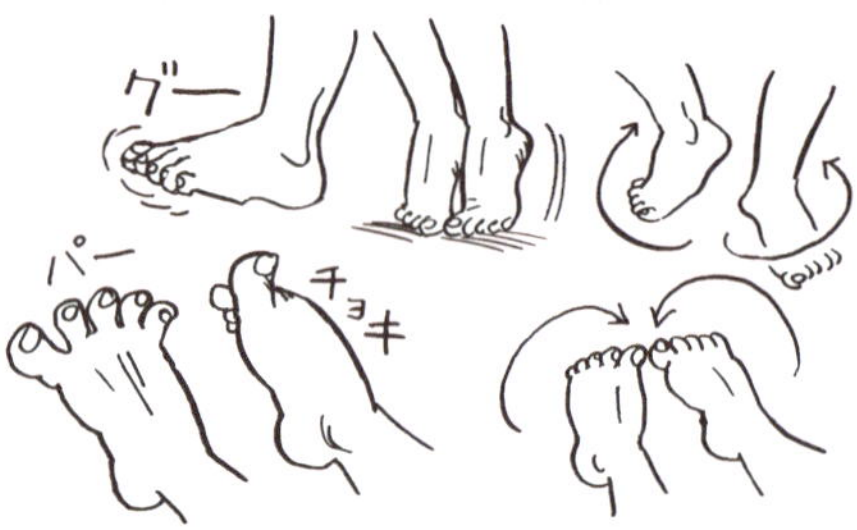

13 長靴「トレーニングシューズ」法
——1歳から発達を助ける靴の履き方

1歳をすぎて歩き方が上手になってくると、靴も履かせやすくなります。

また、足首の動きがうまくなり、指もよい動きをするようになります。

だったら早くから、**足首の回転、つま先立ち、指の動きを遊びにとり入れ、足を器用にするための働きかけ**をしてみてはどうでしょうか。

足首を保護するために革の長靴を履かすのは1つの案ですが、日本ではベビーシューズの種類も少なく、サイズに合うものがなかなか見つかりません。デザインはたくさんありますが……。

長靴は普通の靴と比べて底が分厚く硬く、ブカブカで重いのですが、足首のぐらつきが少ないため、**歩き始めてから1年くらいは、〝トレーニングシューズ〟**

歩き始めてから
1年くらいは
長靴をトレーニング
シューズにしよう

として利用してください。

最初は履かせにくいのですが、足の部位を独立して動かせるようになると、ひとりで脱いだり、履いたりするのもすぐにできるようになります。

靴を履くと、「発達」が助けられます。

「リハビリ」と「発達」は異なります。

たとえば、動いていた足が動かなくなり、それを元どおり歩けるようにするのが「リハビリ」です。

一方、どう足を動かせば歩けるのか、歩いたことのない赤ちゃんが歩くようになるのが「発達」です。

そのための働きかけに対するいい言葉がないので、私は「開発の手助け」と呼んでいますが、もっといい言葉がほしいところです。

競博士のひと言

歩くときに、脳が働いていることがわかってきたのは、比較的最近のことです。

次の3点を私自身が報告しました。

14

しっかりした実線で「円」と「直線」を描く方法

——ものを描く基本の動作を教える

2001年に、歩いているときに足の運動野（4野 ↓27ページ図1）が働くことを初めて報告。2004年には、歩くスピードを速くすると、足の運動野だけでなく、足の運動前野（6野）も働くことを報告しました。

最後に、運動野が壊れて歩けなくなったとき（脳梗塞など）にリハビリをすると、運動前野（6野）が働いて歩けるようになることも報告しました。

脳の一部が壊れても、リハビリで別の領域が働いてよくなるという発見は、リハビリテーション医学への大きな貢献です（↓久保田競＋宮井一郎編著『脳から見たリハビリ治療』〈講談社〉参照）。

円を描くには、手首をうまく動かす必要があるので、日常動作の中でも手首を動かすことを積極的にさせます。

お風呂の中で手首から先をお湯につけて、熱いかどうか、手でかき混ぜるのもいいでしょう。湯加減を見てもらうので、お手伝い代わりにもなります。

小さな円を描けるのは、脳が発達してきた証拠！

お湯につけた手は、左右に揺らすだけでなく、クルリ、クルリと回転させて、混ぜる手つきを毎回させます。

この手の動きを覚え、何度もくり返し、器用に行って初めて、小さな円がフリーハンドでいくつも描けるようになります。

ちょうど自分の顔ぐらいの大きさの円は、ひじの動きだけで描けます。それ以上の円や、それ以下の円は、**ほかの関節の動きが必要**です。

「顔の大きさぐらいから、だんだん小さい円を描き、直径5ミリくらいの円をいくつも同じ大きさで描けるようになれば、習い事ができますよ」

というのが、子どもにピアノを習わせたいというお母さんから相談されたときの私の答えです。

小さな円を描けることは、脳がとても高度な働きをしているということです。

息を止めて、リズミカルに描くことも徐々に身についてきます。

すでに幼児らしくない脳の働きができる分野があり、ときには大人顔負けのしぐさをしたり、言葉を使ったりして、驚かされることがあるはずです。

競博士のひと言

手首を机につけて円を描くには、筆記用具を正しく持ち、手首の動きがきちんとできなくてはなりません。

手首の動きは、手の回外《かいがい》（前腕を手の平が上を向くように回転させる）と回内《かいない》（前腕を手の平が下を向くように回転させる）の運動です。

これには、練習が必要です。**手の運動野（4野）と手の運動前野（6野→27ページ図1）が働いて、円がうまく描けるようになります。直線は円を描くより難しく、特にまっすぐな線を引くのは難しい。**くり返し練習をしないと、できるようにはなりませんよ。

15 〝グチャグチャ描《が》き〟をやめさせ、どう絵心を育てるか

――絶対に言ってはいけないNGワード

◉〝グチャグチャ描き〟をどうやめさせたか

使い古しの連続プリント用紙に、次から次にグチャグチャ描きをしている幼

稚園児がいました。

お母さんは、ひとり遊びが長く続くので、子どもの面倒を見る手間が省けていいのか、理由はわかりませんが、そのままにしていました。

10センチ以上の高さに重なった紙に、主として黒の鉛筆で描かれ、どの紙面も円と線ばかりでした。

この光景は、私の目には異常に映りました。

どうしても描いているときの子どもの様子を見たくて、お宅へ伺いました。

すると、居間のサイドテーブルの下にA4サイズの紙の束が置いてあり、そのまま引っ張りだしてテーブルの上に広げて、描いていました。

身体を前後に揺らしながら、「**グワーッ、ダダダダ、ビューン、バーン、ザァザァー**」と濁音ばかりが耳につく声を出し、そのリズムより速く鉛筆が動きます。

紙の3分の1くらいを使って、まん中に黒いもつれた糸くずの塊を描き、次から次へと紙を使います。

動作も自分の腕の動く範囲で、手はあまり伸ばしません。

私はお母さんに、

「**グチャグチャ描きをこれ以上続けさせてはダメ。紙は1枚だけ与えて、円と三角と直線を描かせること。『円を3つ、それより小さな円を3つ』と言って、そのとおり描けるように導くこと**」

と言い残して帰りました。

でも、その子は言われたとおりに描くのをイヤがり、いつも途中で投げ出して機嫌が悪くなるそうです。

その後も、〝声入りのグチャグチャ描き〟は続きました。

課題を描く——**言われたとおりのものを素直に描ける脳の働きができてこそ、自分の心のおもむくままに描くことができる**のです。

つまり、**自由な絵を描ける**というわけです。

この子の場合、ロケットが動き、レーザーが飛び交い、ミサイルが炸裂する

言われたことを
素直に描ける
脳ができると、
自由な絵が描ける

様を音入りで線描きし、瞬間のイメージの世界に入っています。

つまり、ストーリーはどうでもいいわけです。戦闘場面に自分の身を置いて、本能的なものに陶酔してしまっています。

こんな状況では、これ以上の向上は、まったく見込めないのです。

もうお母さんの手には負えません。

そこで私は紙をとり上げ、グチャグチャ描きをやめさせ、絵の具を与え、ぬり絵、写し絵をさせ、雲形定規《くもがたじょうぎ》などを使わせて、テーマどおりの形を色で描く時間をつくりました。

そして、家族中で同じことをしてもらい、グチャグチャ描きを卒業させたのです。

◉絵心を育てる際の「NGワード」

幼児は、絵を描くのがもともと大好きです。

絵を描いていいのか、字を書いていいのかわからない時期は、まだ技術が拙《つたな》いのですから、決してけなしてはいけません。

ときには、
おじゃま虫になって、
「何描いてるの？」
「それなーに？」
と聞いてみよう

かといって、そのままにしておいては、せっかく才能があるのに、その伸びる芽を摘《つ》むことになりかねません。

そこで、描く動作以外に、**お箸やお茶碗、歯ブラシの持ち方、積み木の積み方など、2つの手をうまく動かすことができるか**をチェックします。

そして手をとり、手を添えて教えてあげてください。

回数を重ねていくうちに、お子さんの器用度が増します。

これらは、極めて基礎的な学習です。

円も、長い線も、言われるままに描けるようになると、好きなものを自分なりに描けるようになります。

そういうときは、とても集中しているので、ときにはおじゃま虫になって、

「何描いてるの？」

「それなーに？」

と聞いてください。

子どもが「犬」と答えたら、「どこの犬？」と、犬と認めたうえでいろいろ

な話題をつくり、描いたものを言葉でお子さんに説明させます。

そして、お母さんがほめてあげます。

ここで注意すべきことは、「犬」が「猫」に見えても、「犬はこんなんじゃないでしょ」といった批判は絶対にしてはいけないということです。**大人の既成概念でお子さんの絵を絶対批判しないでください。**

そうしてしまうと、子どもの絵心は、いっぺんにしぼんでしまいます。

「犬ってこうでしょ」などと言って、絵に手を加えるのも厳禁です。

また、お母さんも絵が得意であれば、隣で好きな絵を描いてください。

絵心のある・なしで、これからの生活に大きく差がつきますので、あるにこしたことはありません。

◉ とっさのひと言で開花したS子の絵画センス

産院までつき添った近所の仲よしで、毎日どちらかの家で何時間かすごすほど、末っ子のS子は私の大事な秘蔵っ子です。

当初、不満で
いっぱいの表情を
していたS子
だったが……
?

ある日、外にも泣き声が聞こえていました。

くやしさと怒りが感じられ、日ごろあまり泣かないのにと不審に思いました。

私が訪れたときは、ようやく泣きやんだところでしたが、不満がいっぱいの顔をしていました。

食卓の上には、大きな画用紙が置いてあり、絵が描かれていました。

私は絵を見るなり、

「**わあー、アニーとハロルドとボニーを描いたのね、ホントによく描けてる**」

と言いました。

すると、S子の顔はどう表現していいかわからないほど、うれしそうに輝いたのです。

「久保田さん、何でわかるの？　犬に見えないので、お兄ちゃんたちとみんなで大笑いしたら、S子が泣きだして、今やっと泣きやんだのよ」

とお母さんが言いました。そこで私は、

ほめたら
これ以上ない
満面の笑みが！

「あなたたち、うちの犬、よく知っているでしょ。この絵でうちの犬を想像できないなんて、あなたたち、絵が下手でも仕方がないわ」

と言い返しました。

大きな画用紙に大中小の楕円形が描かれ、それぞれに茶色と白色、黒色と白色、黒色と茶色に白色がぬられていたのです。

私の家では、犬を3匹飼っていて、大きいのがビーグル、次はキャバリアのメス、一番小さいのがその息子です。

S子の描いた絵は、大きさの比も、色の配置も、わが家の3匹の犬の「どでーっ」と寝ている姿そのものでした。

それよりさらにすごいのは、**顔を描いていない**ことでした。

前のほうを描くのは難しく、イメージどおりに描けないので、後ろ側を描いたわけです。

もしもこのとき私がいなかったら、S子は絵を描く興味を失ってしまったでしょう。

当時S子は3歳児でしたが、セミババの私にわかってもらえただけではなく、大笑いしたお兄ちゃんたちをやっつけてくれた爽快感で、絵を描くことの楽しさを知ったのです。

S子の色彩感覚は、私をときどきうならせてくれました。

彼女も今ではすっかり成長しました。絵描きにはなりませんでしたが、**観察力も鋭く、手間のかからない、やる気のある素敵な娘**に育ちました。

競博士のひと言

描いたものは子どもに説明してもらい、ほめることが重要です。ほめることで、中脳皮質辺縁系（動機づけの回路）を働かせるのです。

ほめられると、側坐核が働き、気持ちよくなって、また描こうという気になります。**描いたものの「質」を批判してはいけません。**何をどのように表現したか、じっくり聞いてほめるのです。すると、中脳皮質辺縁系が働き、**前頭前野を働かせるようになる**ので、また描こうという気持ちがよみがえってきます。

何回かほめることをくり返すと、描くことが好きになってきます。

まさに、「好きこそものの上手なれ」ですね。

16

オムツを履かない「ノーパンタイム」のすすめ

——正しい歩き方をするために

赤ちゃんがやっとヨチヨチとひとり歩きができるようになると、よく両手を上に上げて、まるでチンパンジーのように肩を左右に動かして歩きます。そんな姿がうれしくて、親は喜ぶものです。

上手な歩き方は、足と足の間が狭く、一直線上に足がおろされています。足と足の間が離れれば離れるほど、不安定で下手な二足歩行になります。歩き始めるころは、**オムツをとり、トレーニングパンツ**を履かせて遊ばせることをおすすめします。

1歳近くになると、離乳食がかなり進み、排便の回数は少なくなり、排尿も

いつするのかだいたいわかります。
そのころには、お母さんの子どもに対する観察力も向上していますが、失敗したときのために、拭きとれるものを用意しておいてください。
床でも、じゅうたんなどの敷きものがないところで、おもいきり遊ばせます。
このころの赤ちゃんは、とても活動的で、目を見張るほどの速さで移動し、その身軽さに驚かされます。

確実に上手な身体の動きを自習するので、ぜひ「**ノーパンタイム**」をつくってください。

今の紙オムツはとても機能的で、動きを阻害しない工夫がされています。

オムツは日進月歩で改良されていますが、さすがにオムツをはずした身軽さには劣ります。

昔はいつまでにオムツをとるかが大問題で、歩けるのにオムツがとれないのは親の怠慢として見られたものです。

また、洗濯の大変さも重なり、お母さん自身も早期にオムツをはずすしつけ

このなんでもない
声がけが、
高度な脳をつくる

を受けたのです。

オムツが早くとれるのは、子どもの脳の発達がよいと言えます。

「ちょっと待って、トイレに行こうね。パンツを早く脱ぐの、我慢してね」――このなんでもない声がけが、辛抱する、我慢するという、みずからを抑制する高度な脳の働きを促すのです。

歩けるころから感覚を磨くには、**五感の一つひとつを磨くのではなく、五感のすべてを絡ませて、一つのことを身につけさせる**ことです。

競博士のひと言

ノーパンで歩くことがいいのは、**歩く姿勢がよくなる**ことと、**快適**であることです。

まずは、子どもにしっかりそのことを理解させます。

そして、そのときにトイレで排尿・排便をさせるのです。

排尿・排便を我慢することを「ノーゴー課題」として教えると、ある程度我慢できるようになりますが、あまり長く我慢させないで（長くさせることは意味がない）、排尿・排便が快感であることを教えるほうが、脳が発達して早くオムツがとれます。

17

小さな紙ボールから、緑を守ることを教える

——興味のあるものをつくり、その意義を知らせる

あるとき、子どもたちが、外で野球をして遊んでいました。

幼稚園児3人、小学3年生ひとりというような仲間でしょうか。

その中で思いがけずにホームランが出ると、さあ大変！

わが家の雑草だらけのジャングルの中に落ちたボールは、子どもにはなかなか見つけられません。

そのボールが行方不明になってしまうと、もうボールの補給ができません。

そこで年長のお兄ちゃんに教えられて、チラシの紙をグチャグチャと丸めて、まわりをセロハンテープで押さえたり、紙粘土から小さな紙ボールをつくったりして遊びました（↓112ページ）。

紙ボールが見つからないと補給するので、私が草むらから紙ボールを探しだして渡さない限りボールの数が増えます。

雨が降れば、あちこちにチラシの花が咲きました。

後日、「紙ボールのつくり方を教えてあげる」と子どもたちにつくり方を教えながら、紙の性質やインクの有害性、土の中での紙の腐敗率などを説明して、**緑を守るための私の考え**も伝えました。

その話を聞いて、おませな幼稚園児は、「それで、おばちゃんのとこ、草だらけなのね」と。

私が「雑草も緑よ」と言ったことに対する返答でした。

こうして、チャンスを逃さず、子どもの興味のある話を、手作業をしながら伝えられたので、私の話も有意義なものとなりました。

幼児の脳はすばらしく、素直にどんどん頭に入れることができるのです。

紙粘土で紙ボールをつくる

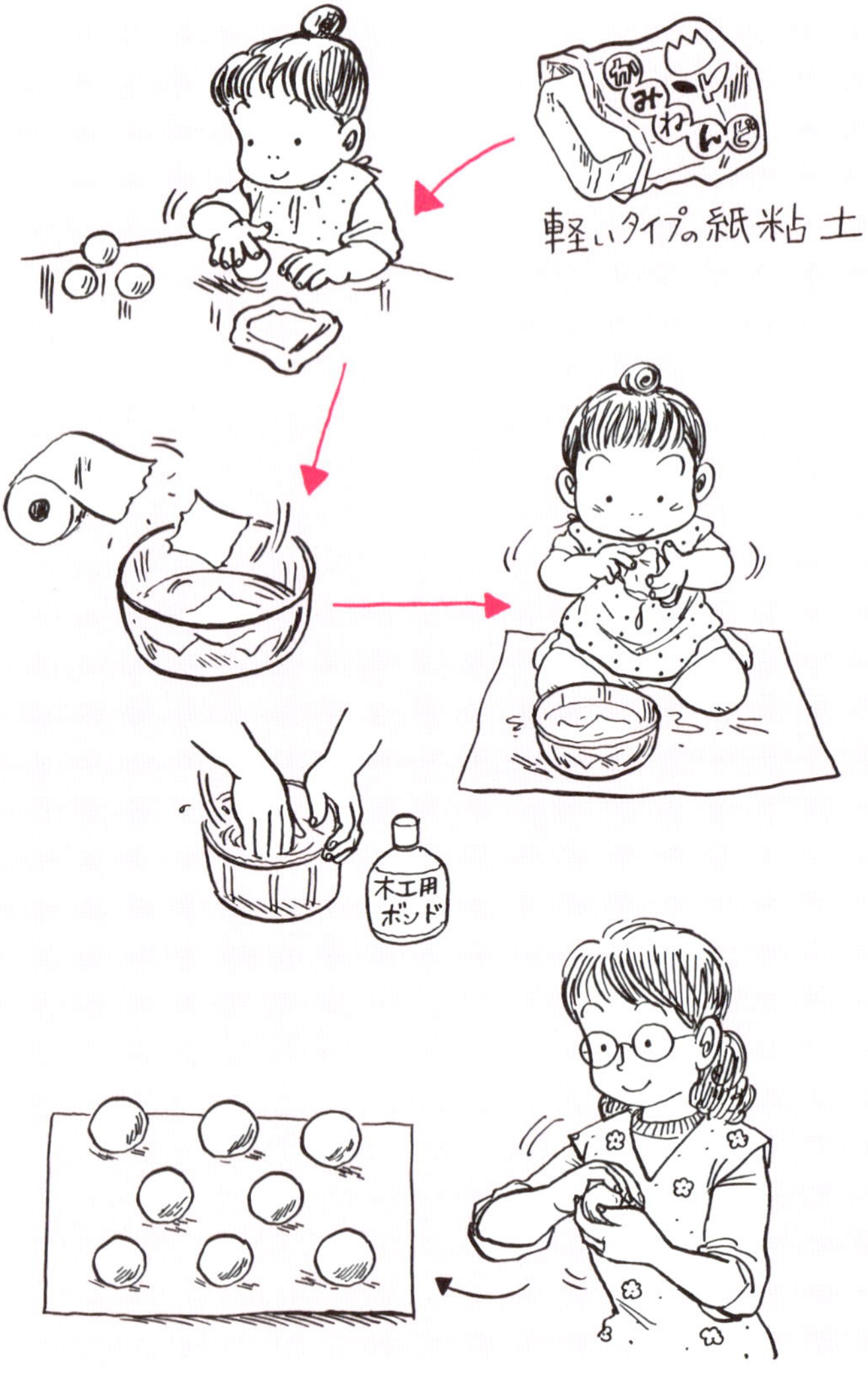

大人は謙虚に子どもに対処しなければなりません。

ましてや、わが子にすぐれた脳の持ち主になってほしい、望みが何であれ、人よりすぐれた子にという願いがあるなら、**自分が今までにできたことやその過程での思い、貴重な体験を、わが子に一日でも早く教え、伝えることが大切**です。

第2章

「視覚」がみるみるよくなる10の方法

「複合感覚」で記憶力を高めるトレーニング

なぜ、早期から「視覚」への働きかけが大切なの？

赤ちゃんは、どのくらい成長すれば、目の前のものを見て理解できると思いますか？

2歳にもなると、だいぶしっかり理解するようになっていますが、二足歩行ができるようになったころではまだまだ未熟で視野が狭く、すぐ脇のものは、はっきりと判別していないのが普通だと思ってください。

ものが視野には入っていますが、車のようにある程度の速さがあるものに出くわすと、反射的にそれに体がスーッと引き寄せられていきます。まるで吸い込まれるように、上体を傾けていくのです。

ニュースなどでも報道されますが、幼児の交通事故は比較的起こりやすい現象です。

ただ、相手は車なので、親としては生理的に避けられないものと達観してはいられません。

わが子の命に関わることです。

交通事故を避けるには、**一日でも早くしっかりした視覚をわが子に持ってもらわなくてはならない**のです。

早くから視覚への働きかけを、ぜひ行ってください。

なかなか赤ちゃんが反応してくれずにヤキモキしていたのに、生まれて2か月もたてば、音を追ってテレビに目を向け、視線を止める。そして、3か月にもなれば、聞き慣れたコマーシャルソングに大きく反応して、親を喜ばせてくれる——これは、聴覚と視覚が合わさって初めて身につくものです。

早く身につけるためには、**同じことをくり返す**ことが大切です。

育児では、「見ること（視覚）」「聞くこと（聴覚）」「触れること（触覚）」と五感を別々にとり上げて教えてはいけません。

赤ちゃんの脳はすばらしく、五感のすべてを使い、全身全霊でこの世のすべてをとり込もうとしています。

食べ物に気をつけ、
子育てという“新事業”に
チャレンジ！

物事を覚えるのは1つの感覚だけではなく、**複数の感覚を通して関連づけて覚えて**いきます。

ここでは、この「**複合感覚**」をどうやってきたえるのか、具体的なエピソードを交えてご紹介しましょう。

ぜひ、豊かな感性のあるお子さんを育ててください。

ただ、感覚として受け入れたものがどんなにすばらしく見事でも、行動にして現すには多くの時間と努力が必要です。

それを助ける親の働きかけも、考えたらきりがありません。

ですから、日々多忙なお母さんは、**まず食べ物に気をつけ、育児に楽しみを見出して母子ともに成長するのだと、明るい気持ち**で子育てに臨んでください。

ぜひ、**子育てという〝新事業〟**に挑戦して、成果を挙げてください。

幼児期は、自分自身の行動力を自分以外の人たちに認めてもらう表現方法を得るために、とても大切な時期なのです。

子どもが集中しているときは、
興味を寸断しない

目の丈夫な子に育てる方法

二足歩行ができるのは、赤ちゃんの基本的な「視覚」が発達してきた証拠です。

発達につれ、お母さんやお父さんの顔だけでなく、遠くのものも見えるようになってきます。

目玉も動くものについていき、認知能力もかなりついてきます。前進して、目的のところまで歩み寄れたりします。

このころの子どもには、たくさんの興味の対象があります。あちこちに気移りしてあきっぽいように見えますが、まったく心配ありません。

ただし、**お子さんが1つのところを見つめているときは、その興味を寸断しない**ようにしましょう。お母さんは、お子さんの**目のこと**（**焦点距離、姿勢**）**だけを考えて注意**してください。

大人になってから、**目の丈夫な視力の強い人**になってほしいからです。

これからは、視覚を通しての情報収集がますます多くなる時代になります。いい目で物事をよく見て、正しく判断し、早く知恵がつく子どもになってほしいと願いながら働きかけをしましょう。

子どもは、1つの働きかけにも、同時にいろいろな感覚を通して**脳を開発**していきます。

また、お母さんの誘導の仕方も、親だからこそできることがあります。

たとえば、親がメガネをかけていると、その不便さはよくわかりますね。遺伝だからとは片づけられません。生涯にわたる不便さをとり除くうえで、親の働きかけは重要です。

自分の目がよく見えると自負しているなら、その目の働きを刷り込む方法を工夫して、遊びの中にとり込んでください。

これから紹介するトレーニングに肉づけして、より成果が挙がるものをお子さんにさせてください。そうすると、親だからこそできる独創性がお子さんにプラスされていきます。

脳がみるみる賢くなる10のトレーニング

1 子どもと顔を合わせ、目と目を合わせて話す
――わが子と気持ちを通じ合わせる方法

わが子は、自分より背が低い――この当たり前のことを親は忘れています。

お母さんは足もとにまとわりつくわが子の語りかけに、下を向いたり、仕事をしながら答えていませんか？

懸命にあごをつき上げて、お母さんを見て話す子どもの目の動きをしっかりとらえて、話を聞くようにしていますか？

子どもの訴えは、いつもその子にとって一大事！　すぐ返事がほしいのです。

お母さんは多忙で、手が離せないときが多いと思いますが、なるべく毎回、

腰をかがめて子どもと顔を合わせ、できれば**水平に視線が合う**ようにして、話しかけに応じてあげてください。

子どもには、**お母さんの口もとを注視**させましょう。目の動きで、お子さんの訴えの真剣さの度合がわかります。

子どもの訴えは様々――さびしくてもの足りず相手になってほしいと上目づかいに話す、大変なことが起こりかけ寄って足にしがみついて叫ぶような声になる、お母さんがやっていることに興味を持って話しかけるなどなど。

お母さんのほうにもいろいろな事情がありますが、「ママ」とやっと言えるようになった赤ちゃんでも、その声色に感情が表れます。

ちなみに、このころは、赤ちゃんの能力にほぼ差はないと言えますが、歩いて移動できるころから、赤ちゃんの心身の急激な発達が見られ、個人差が大きく出始めます。

親の働きかけ次第で、**将来の生き方を左右するものを身につけていく時期**です。

昔から**「三つ子の魂百まで」と言われるのも、基本的な感覚が入り込む大切な時期**だからです。

感覚というものは、論理的に言葉で教えることが難しいものです。

赤ちゃんも絶えず刺激をとり込んでいますが、どのくらいインプットされたかを正確に知ることは簡単ではありません。

日々のわが子の行動を通して、働きかけの効果をやっと知ることができるのです。

「1＋1＝2」とはっきり正解が出ないのが、育脳教育。将来のためにと、願いがあればこそできるお母さんの努力です。

一度、お子さんの目の高さに自分の目をそろえ、まわりを見渡してみてください。

子どもに見えない場所は意外と多いものだとわかるでしょう。

お母さん！　ぜひ膝立ちして歩いて、あちこちを見てください。

視野が違うと、歩きにくいだけでなく、ものの形がまるっきり違うものもあ

“幼児目線”になると
新発見が多い

るのに気づくでしょう。

たとえば、テレビの目の前に寝ころび、上目づかいでテレビを見てください。見慣れたタレントの顔ならわかりますが、見たこともない科学の実験や図形の解説などは、何のことだかさっぱりわかりません。起き上がってしっかり見ないと、わからないのです。

幼児の視野に入るものがどんなものかわかりましたか？

幼児は、電気のコンセント、机の脚、椅子のキャスターなど、低い場所にあるもの全体をしっかりと、とらえています。

くずかごに興味を持つのも、無理のないことです。

お子さんと目の高さを合わせ、視界を知って会話をするようにすれば、コミュニケーションもうまくとれるようになってくるのです。

競博士のひと言

子どもと話すときは、向かい合って目と目を合わせます。とにかく**目線を合わせる**ことが大事です。

子どもが何か話しかけたら、目線を合わせて聞いてあげ、わかったことを話し、わかった表情をしてみます。

そうすることで、子どもはわかってもらったことを、言葉と表情で理解します。

子どもに話しかけるときも同様に、子どもの顔を見て、目線を合わせて話しかけ、返事が必要な話の内容に持っていきます。

すると、子どもは「わかった」と答え、表情で表します。

お母さんは、表情から子どもの意志を読みとらなければなりません。

この意志を読みとる働きをしているのは、脳の前頭前野です。

前頭前野は、見るものに注意を向け、どのように行動するかを決めるだけではなく、運動前野の鏡神経細胞（ミラーニューロン）を働かせ、行動がうまくできるようにしてくれるのです。

② ゲームで「脳」をきたえなさい
――パソコンで、目の筋肉を丈夫にする方法

漠然と見ることと、焦点を1か所に定め、しっかり「注視」するのとは大き

く違います。

物事を注意深く見ることは大事なことです。

観察力のすぐれた子どもは、しっかりと注視できます。

瞬間的に多くを見ることができ、集中して見つめられる子は、知識の収集に役立つ観察力もすぐれてきます。

知識の吸収力もよく、ものの本質を感覚的に認める技に長けてきます。

こうなると、これからの人生が大きく変わります。

◉なぜ、孫は就学前にひらがなを速く読めたのか

私は自称「ゲームオタク」です。

80歳をすぎても、わざわざ予約をして新作ソフトのリリースを待ちわびています。

私は1歳たらずの孫を膝の上に載せ、よくパソコンでゲームをしました。

キーボードの「＋キー」を動かすことを教え、パスワードなどを入力させました。

声を出して、「ここへ持ってきなさい」と矢印を移動させ、「そのキーを押しなさい」と指示すると画面が変わります。孫はプレーしながらとても喜び、私が主人公を動かすと、それをジッと見ていました。

そして、再び文字が出てくると、私は読み上げました。

まだ孫は自由に外を歩けないので、私の膝の上に載せて大好きなゲームをしたり、おんぶしながらテーマソングを口ずさんで歩いたり、一緒に飛んだりしながら遊びましたが、私が文字を読んだり、私の歌をよく聞いていたせいか、**孫は小学校に上がる前からひらがなを非常に速く読み上げ、音読は感情を込めて発音**するようになりました。

さすがにこれには、感心させられました。特別なことをせず、自然に身についたからです。

孫は今もゲームが大好きですが、ゲームオタクにはなっていません。気のおもむくままに、適当にやっています。

◉ 15分プレーしたら外一周ルール

私の息子が幼児のころには、「**15分プレーしたら外一周**」「**30分プレーしたら外遊び30分ルール**」を設け、画面から一度離れさせ、目の保養をさせました。

現在、わが家で一番ぜいたくなのは、最も大きなテレビでゲームができることです。また、パソコンのディスプレーも、可能な限り大きなものにしてあります。

パソコンを使った後は、子どもの目の疲れをしっかりとるようにしてください。

その場合、ディスプレーと向き合う時間に比例して、休む時間を多くとりましょう。

視覚刺激は、知能の発達を促すために必要なものですが、幼児期の集中力は体力と比例するので、**体力づくりも大切**です。

私が今も視覚刺激の多いゲームを楽しめるのは、**子どものころから自然のものを見て培われた感性があり、眼力を強化させるための努力**をしてきたからです。

孫の世代は生まれた直後から、パソコンなどの強い光の刺激に日々さらされています。好むと好まざるとにかかわらず、目からの情報を受け入れ、それを活用しながら生きなくてはなりません。それらをうまく処理できてこそ、広がる世界があります。

まずは、子どもの末端受容器としての**目玉の動きを上等**にすることです。

お母さんは、よく見える目を育てる働きかけをしなくてはいけません。

そうしないと、わが子の無限の可能性は決して生まれません。

ありがたいことに、よく見える目の子を授かったのですから、**目からの情報はなんでもこいの目を育てる**のが、なによりの贈り物なのです。

目の訓練を真剣にやってください。

お母さんも子どもと一緒になって「眼筋」を動かしてください。

そうすると、自分にも利が返ってきます。

目への働きかけは、早ければ早いほどいい

目への働きかけは、早ければ早いほどいい。赤ちゃんにやりすぎはありません。

幼児になってしまうと、視覚刺激は思わぬ興奮を促し、やめようにもやめられなくなり、「ゲームばっかりして」と、3歳児に日々言わなければなりません。

お母さんは、「この情報を脳が受け止めてくれている、それだけ脳が発達してきたのだ」と喜んであげてください。

ゲームばかりやっている子をやめさせるには、**お母さんの教えを素直に聞く賢さも、同時に育てないとなりませんよ。**

競博士のひと言

細かいものを見る（注視）ときには、両目のレンズ（水晶体）が分厚くなって瞳孔が小さくなり、網膜に像が映ります。

このときには、「毛様帯筋《もうようたいきん》」や「瞳孔縮小筋《どうこうしゅくしょうきん》」という平滑筋《へいかつきん》が働いています。

ものを見続けると、これらの筋肉が疲労してきて、細かいものが見えにくくなります。

子どもが、ゲームやパソコンのディスプレーを1時間も見続けるのは、よくありません。

見る能力が発達せず、近視になってしまいます。

15分見たら中断して、明るい場所で外の遠くの景色を1〜3分見てください。

こうすると、平滑筋が働かなくなり、水晶体が薄くなって、瞳孔が広がります。

ぜひこれを習慣にしてください。

注視のことを「中心視」（細かいものを見ると、視野の中心で「錐体《すいたい》細胞」が働く）とも言います。

③
「ハイハイ」で、視力をきたえる法
――すぐに歩けたと、喜んではいけません

昭和の中ごろまで、「這えば立て、立てば歩めの親心」で、子どもは成長・発達するのが普通でしたが、おんぶして家事をするお母さんがだんだん少なくなり、おんぶひもや布オムツがほとんど使われなくなりました。

また、すぐに立ち上がり、歩き始める赤ちゃんが多くなりました。

◉「高い高い」の〝高這《ば》い〟のすすめ

親にとっては自慢でしょうが、**「目のためには、這うことは大事よ」**と水を差しておきます。

危なっかしい「すぐに立った」をさせずに、**四つん這いから始めて背を伸ばすために、両足のかかとを上げて、「高い高い」という〝高這い〟**をすることをおすすめします。

歩くためには、歩くスピードに合わせて視線を動かさなければなりません。これは高等技術で、赤ちゃんが自然に会得するものではありません。

赤ちゃんが立つ姿勢はとても不安定です。この不安定な状態で、視線を動かすのは非常に難しいのです。

「2〜3歩は前に出るけど、それから先は一歩も歩けないの……」と嘆いたお母さんは、「ハイハイをせず、すぐ立った」と喜んだお母さんでした。

ハイハイのときは手足をうまく調節しながら移動しますが、目的地へ進むには、歩くのと同様、自分の動きに合わせて視線を合わさなければなりません。

焦点を縮めたり、伸ばしたり、視界に入るものを整理しながら前に進みます。この行動も、安定した四つん這いだからこそ、自然体でできるのです。こうすれば、**少しずつ正確に目の能力を高められます**。

自分の身体を自分の力で移動できる赤ちゃんは、うれしくて楽しくて、無意識に視覚や筋力をきたえ、二足歩行を円滑にする予習をしているのです。

私の次男は、生後4か月ごろからハイハイを始め、お兄ちゃんの後を追って、部屋中這いずり回りました。

静かだなあと思うと、うつぶせになり、床をよだれだらけにして寝ていました。

よく遊び、よく寝て、世話のかからない赤ちゃんでしたが、鈍重なところがあり、この子の感覚をどう磨こうかと試行錯誤したものです。

そんなある日、久しぶりに小児科検診につれていきました。

そのときは、生後7か月半でした。

小児科医は「もう立てるかな？」と言いながら、ベッドの上に立たせると、タッタッとベッドの端まで歩いたのです。

両手を上にした、おサルの歩き方でした！

そのとき医師は、

「歩くのが早すぎるけど、まあいいでしょう。すぐに靴を履かせなさい」

と言って、靴を指定しました。

その靴は、フェルト製の軽いベビー靴と違い、足首を保護するための編み上げ靴の一種で、底の硬い革製です。

「部屋の中でも歩かせるときは、履かせなさい」

と言うので、すぐに靴を買いにいきました。

立ち始めも、歩き始めも同時に始まったわが子の姿に、私も親バカでうれしくて……。

医師から、「ピッタリ足にフィットするものを用意し、素足で履くように」と言われたので、サイズ合わせを念入りにしました。

◉ハイハイ抜きに歩かせるな

スムーズに歩を進めるには脚力も必要ですが、**視力も大事**です。タイミングのいい働きかけと子どものやる気の相乗効果で、学習効果が一気に上がります。

ハイハイは「見る力」をつけるのに非常に大切な行動です。赤ちゃんは楽しい移動の中で、**目の訓練の自習**をしているのです。

このハイハイを抜きにして、歩かせないように！

また、赤ちゃんは若干遠視ぎみのことが多いです。

ガラガラおもちゃを目の前で振り、必死に赤ちゃんの関心を引こうとしているおばあちゃんがいますが、赤ちゃんはガラガラよりも、おばあちゃんの目玉や声の出る口もとを見ています。

ガラガラの振る速さに焦点が合ってないために、赤ちゃんは鮮明な映像を結べないまま、ボヤッと視界の中に入れているだけなのです。

これでは無意味な接し方と言われても仕方ありません。

ガラガラを使う場合は、遠くから赤ちゃんの目の近くに寄せ、視点がガラガラに止まったところで、静かにゆっくり大きく動かし、それに合わせて赤ちゃんが目玉を動かすまで、**振り回すのはやめましょう**。

また、首がすわる前にあまり大きく振ると、目玉がその動きについていけません。

このように、赤ちゃんの視界の範囲や、焦点距離などがわかると、音の出るおもちゃでうまくあやし、楽しく笑顔で接することができます。

赤ちゃんは、どんなことも学習して覚えます。

このなにげない遊びも、感覚をきたえるため、と意識してやってください。

どんなものでも、最初は正面に置き、焦点がバッチリ合った見せ方を心がけましょう。

競博士のひと言

歩き始めのころは、前をよく見て歩かなくてはなりません。

ゆっくりと歩きながら、交互に地面にかかとをつけ、その後につま先をつけます。

交互に手を振りますが、足が前に出たとき、手が足の後になります。歩き始めの不安定な歩き方は、かかとが地面につかない、〝つま先歩き〟です。年配の人や四足動物の歩き方も、このつま先歩きですが、人間の場合、つま先歩きでは、非常にころびやすくなります。**子どもが早く歩けただけで、喜んではいけないのです。**

④

遊びながら目を強くする「視覚追跡トレーニング」

――親子で視力がよくなる一石二鳥の方法

ここでは、鏡の反射を利用しての遊びを紹介します。

手に持てる大きさの鏡と紙、ハサミを用意してください。

鏡の表面積の約3分の1から5分の1くらいの大きさに、飛行機や自動車、蝶などを大まかに形どって紙を切っておきます。

これを水や両面テープなどで鏡に貼ります。

窓から差し込む光線を鏡に反射させて、部屋の壁に映して見てください。

切り紙が飛行機らしく、自動車らしくわかったらいいのです。丸でも三角でもけっこうです。光の中にある形がわかればＯＫです。遊びですから、子どもの好きなものがよく、楽しい遊びの中で感覚をきたえたいものです。

この道具ができたら、天気のいい日に陽が当たる部屋で、親子であお向けに寝ころび、ゆっくり休養しがてら、子どものお遊びの相手をしましょう。

◉「視覚追跡トレーニング」のやり方

まず、部屋の隅の下のほうから天井に向かって鏡を動かし、お子さんの注意を促します。

「あら、あれ何かしら？」

「タンスからテレビのほうへ飛んでいった」

「また、タンスのほうに飛んでいった」

「おや、今度はジッとしている、動かないね」と。

光の動きで注意を引きつつ、その動きに子どもの視線を合わせ、注視し、動くものを目で追う――これらをうまくできるためのお遊びですから、動きに変化をつけ、声がけをしながら遊びます。

最初は子どもの手の届くようなところには写さず、天井などの遠くて高いところに目を向けさせて遊びます。

目の動きが鈍くなったら、終わりの合図を出して、

「はーい、もう疲れました」

「ガソリン、なくなりました」

と、子どもの手の届くところより下まで画像を動かし、とりにいかせます。

少し休んで、また始めます。

手に映して動かしたり、さっと鏡を裏に向けて光を消したりして、子どもが動いてものを追う遊びも続けてください。

これは主に「**視覚追跡トレーニング**」のお遊びなので、鏡自体に興味を持たせないように、お母さんは魔法使いになって、**種を明かさない**ように。

お母さんはなんでもできる素敵な人だと、常に尊敬してもらってください。

「視覚追跡トレーニング」は
お母さんの視力と眼筋力を
同時に高めるから
一石二鳥！

電車の窓から通りすぎていく電柱を数えたり、信号機や踏切を目で追ったりなど、車窓から見えるものを語りかけるだけでも、「視覚追跡トレーニング」は可能です。

このトレーニングは右から左に、左から右にと目玉を動かすので、**眼筋力の強化**にもつながります。

また、パソコン画面で動くものを追うのもいいでしょう。

3歳をすぎてくると、子どもの興味、好奇心が発達し、知的好奇心がめざましく伸びてくるので、「なぜ」「何」を連発するようになります。

幼児になっても、まだ上目づかいや、足もとを見ることはしっかりできないものです。また、2階から手を振るおばあちゃんを、下からすぐ「おばあちゃんだ」と認識することができません。

「ヒコーキだ」と言って音のする上空を指差しても、大きくあごを上げて、口を開けても目は閉じています。頭を後ろに反らすのは不安定な状態なのです。

ただし、上から下を見ることはできます。

3面鏡で
視野を広げる

◉お母さんの視力と眼筋力も同時によくなる

身体の動きがまだ不安定な時期に、遊びの中に「視覚追跡トレーニング」を取り入れ、お母さんが手助けしてあげてください。

動かないものを注視したり、動くものを追跡視したりして、視線を定め、視界を広げることを意識的に組み込んでいきます。

この遊びは、**お母さんの視力と眼筋力を同時に高めるので一石二鳥**でしょう。

たとえば、ウィンクやまばたき遊び、「上《あ》がり目、下《さ》がり目、ぐるっと回って、ネコの目」（→161ページ）、横目、寄せ目などの練習をお母さんが見せて、**笑いながら楽しく**やりましょう。

その表情をカメラに収めて見せるのもいいですね。

視野を広げるのに、3面鏡を利用するのもいいでしょう。

競博士のひと言

動くものを見て、目で追いかける動き（視覚追跡）は、目の動きを調節している**前《ぜん》頭《とう》「眼野《がんや》」**で行われます。

自分の意志で目を動かすのも、前頭「眼野」の働きです。手や足を動かすときに、目も協調させて動かすのは、行動をうまくやりとげる条件になります。

「視覚追跡トレーニング」なら、子どももおもしろがってやってくれるでしょう。

5

赤ちゃんは「ウィンク」、幼児は「望遠鏡遊び」
――目玉を動かす練習

生まれたばかりの赤ちゃんは、ちょっと斜視《しゃし》（片方の目は視線が正しく目標とする方向に向いているが、もう片方の目が内側や外側、あるいは上や下に向いている状態↓163ページ）ぎみですが、かわいさが先立ち、その歪みさえかわいく感じます。

生後3～4か月になると、ほぼ正常な位置に落ちつきます。

赤ちゃんは、目玉を動かす筋肉が左右同じように動かず、目からの情報は脳に行っても、実際には見えていません。

「望遠鏡遊び」で
お母さんの目の疲れも
とれる

赤ちゃんにとって、この世のものはすべて初体験で、それが本当かウソか、正しいか正しくないかもわかりません。

どう見えているかではなく、まずは**見るものに左右の目を正しく向けているか**に注意して、目を動かし、視点を合わせるような働きかけ（ウィンク）をします。

幼児になってから、お母さんの言うとおりにマネできるのが、お遊びに不可欠な土台です。

大人にとってなんでもない目の動きは、じつは幼児には難しいものです。

ここで、「**望遠鏡遊び**」をしてみます。

紙筒（ラップの芯など、細長い筒状のもの）を用意しましょう。

片目で筒を通して遠くを見せたり、筒を動かして近くを見せたりします。

左右交互に見せてください。

片目で筒を通して見せる、同時に片一方の目も開けて見せるなど、子どもと一緒にやってみると、**お母さんの眼の疲れも回復**するでしょう。

「にらめっこしましょ、
笑うと負けよ遊び♪」

また、鏡にお母さんの大げさな顔の動きを映して、大笑いしながら目の動きをマスターさせるのもいいでしょう。

「にらめっこしましょ、笑うと負けよ遊び♪」で、変な目はおかしな表情になるので、白目をむき出しにして、相手を見ずに負かすこともできるようになります。

何が視野を確かなものにするかも、遊びの中で見つけてください。

子どもをまっすぐ前に向かせ、後ろからものを持って前方に動かし、**「何かな？」**と当てさせます。

当てるものは4〜5種類あればよく、あらかじめそれが何であるのかを知らせておきます。

子どもは、真横にあって見えないはずのものでも当てることがあります。この場合は**「当たり、すごい！」**とほめてあげてください。

競博士のひと言

生まれたばかりの赤ちゃんは、同じものを両目で見る「両眼視」ができません。

ものを見る訓練をしないと、見えるようにはならないのです。

生まれたその日から、ものを見るトレーニングをしましょう。

個人差はありますが、だいたい生後4か月で両眼視ができるようになってきます。

すると、ものが見える視野がだんだん広がっていきます。

片目でものを見る訓練もしてください。

片目では遠近感がわかりませんが、どう見えるのかを知っておくことが大切です。

6

絵心、観察力をはぐくむ言葉がけ

――多くの色を与えず、対象物を一緒に見よう

絵はイメージの世界の現実化です。

「何を描いているのかわからないのに、ほめられない」というお母さんがいるかもしれませんが、そんなことはありません。

「わー！　この線、長く描けたね。しっかりした線だね」

「ここのところ、お母さん好きよ」

多くの色を与えすぎない

「色鉛筆、３本増やして描こうか」

などと、ほめてあげてください。

色鉛筆を与えるときは、はじめに「黒色」を、それから「赤色」や「青色」を増やしていき、**一度に多くの色を与えない**でください。

そして、**与えられた色だけを使う、偏った使い方をしないように注意すること**も大切。

絵心、観察力を豊かにはぐくむポイントは、２つあります。

◉多くの色を与えすぎない

彩色には、**最初は鉛筆の黒１色**。実線が描けたら3色を色分けし、偏った色使いがなくなれば、10色ぐらいセットになったものを与えます。

絵の具を使って色水遊びで混色したり、重ね塗りしたりできるように条件を整えますが、お母さんも加わって遊べるときにします。

子どもは多くの色に囲まれていますが、色の組合せは、**使える色を少なく**します。

パステルカラーや光沢のあるものを用意するにしても3～10本までにし、ものの形が説明しなくてもわかるまで**多くを与えません**。

◉効果的な言葉がけ

感嘆詞をうまく使い、対象物を一緒に見ます。

このとき、お母さんが気に入ったものは、具体的に話さないでおきます。「あの形、変わっている」「この色、キレイ」は、「わー、いいな」「キレイだなー」などの感嘆詞で表現します。

子どもには評価の基準がありません。**新しい何かができた、言えた、描けた、そのことだけで満点**です。子どもの行動に、「上手に、うまい」は、比較できるものがあればできます。

「この絵より、この絵のほうがママは好き、上手に描けたね」
「この赤い色、ママの好きな色よ」
「ママを描いてくれる？　ママの好きな色の服着せてね。ママの好きな色、覚

えている?」

「わぁー、うまく描けたね。ママの好きな色、よく覚えていたね」

などとほめます。

あらゆるチャンスをとらえてほめますが、比べるものがないのに、「上手」「うまい」と評しては、子どもの脳は混乱します。

子どもはお母さんの笑顔に支えられ、感情の動きに従って生きています。

3歳にもなると、自分と「他」を知ります。

お母さん自身は、「私のところだけは別」と思いたいでしょうが、子どもにとってはお母さんも「他」になります。

イヤなことを泣いて排除していた赤ちゃんも、言葉が話せると、はっきり「イヤ」「ダメ」と、便利な（NO）信号を発信して、断固拒否したり、抵抗したりします。

3歳児の反抗は、「第一次反抗期」などと呼ばれ、育児で避けて通れないとも言われますが、**親の働きかけ次第でいくらでも変えられる**と私は思っています。

競博士のひと言

親が子を「ほめるためにほめている」ことがわかると、母親不信になりがちです。子どもをほめるのは、本当に難しいものですね。

7

「色彩感覚」を育てる遊び

──「刺しゅう糸遊び」で色について語りかける

なぜ、赤ちゃんは、赤いものや、はっきりした色を好むのでしょうか。

私は、早くからそれらの色を見たから、と考えています。

「○○ちゃん、ピンクのお洋服持ってきて」と言って、ピンクの自分の服がわかり、選び出せるようになるまでには、多くの働きかけが必要です。

いろいろな色があふれている現在、子どもが「アカ、アオ、キイロ」などの

色彩感覚を発達させる方法

色の名前が言えたら色がわかっているのだと思っていては、色彩感覚のセンスのいい子を育てられません。

たとえ言葉がはっきりしゃべれなくても、鉛筆を持って絵が描けなくても、**赤ちゃんの色彩感覚は発達させることができます。**

お母さんは、よりよい頭脳を求め、センスのいい子に育ってほしいと願っていますが、言葉がけに気をつけなくては、赤ちゃんに間違った表現を押しつけてしまいます。

「赤」「青」は色の名称にすぎないとしっかり自分に言い聞かせ、

「この色、素敵」

「この色、好き？」

「この赤色とこの赤色は違うでしょ」

など、色について語りかけてください。

可能であれば、**市販の色の違う刺しゅう糸を、20色ほど用意**してみましょう。

糸かせ（取り扱いに便利なよう、一定の大きさの枠に糸を巻いて束にしたも

カラーチャートで
色の仲間探し

の）のついたまま、バラバラにならないようにして、子どもに渡してみてください。

月齢によっては、持ったり離したりするだけかもしれません。

ただ、このころは、単に**指の練習**と考え、赤糸を渡したり、青糸ととり替えたりしながら、

「ママの赤と替えて」
「この色もいいね」
「これも赤いよ」

と色の名前を聞かせるくらいにします。

糸をとり替えたり、並び替えたりする応用遊びをひとりでできるのは、２歳ごろからです。それまでは、子どもはお母さんの遊びを見る側にいます。

このほか、色紙やカラーチャートを使い、色の仲間探しをするのもいいでしょう。

8

カヨ子式「色遊び教室」実況中継

——50色の小さなキューブで色彩遊び

競博士のひと言

色を知るとは、色のあるものを見て、その色の名前を覚えることではありません。

色を見せて、正しい名前を答えられなくてもかまいません。

どんな色に分類できるかが大事です。

最初は光（自然光）の3原色（R：レッド〈赤〉、B：ブルー〈青〉、G：グリーン〈緑〉＝これらの色に反応する細胞が網膜にある）の区別から始めましょう。

絵の具や印刷インクでは、「C：シアン〈青緑〉」「M：マゼンダ〈赤紫〉」「Y：イエロー〈黄〉」を色材の3原色としています。

いろいろな色に触れさせて、その色の仲間がわかるようにするほうが大事です。

赤ちゃんを集めて、「色遊び教室」を開いたことがあります。

教材として、小さな幼児の手の中に収まり、指で持てる木製の色つきキューブを用意しました。

カヨ子式「色遊び教室」

中間色も入れた50色の小さなキューブは、あるときは線路になり、車になり、高く積み上げては崩す積み木にもなりました。

もちろん、「**赤いものを、ここに持ってきて**」「**青いものを、ここに入れて**」などと声をかけて、**色の分類遊び**もしました。

すでに子どもには好みが出てきていましたし、初めての教室で友達と一緒のことをして、インストラクターの声がけにその都度応じるわけですから、ママのヘルプなしではできないのも当然です。

こうして1年がすぎ、よい成果が挙がったので、写真入りの本を出版することになりました。

子どもの楽しそうな顔や真剣な顔などを主として、どのようにこちらの働きかけに応じているかの視点で写真を選び出しました。

友達と競い、協調してキューブを選んで並べるので、おかしな色が混ざっていても仕方がないと思っていました。

すばらしい色彩感覚の磨き方

しかし、その色合わせは、**実に見事**でした。

子どもが物体の色をどのように覚えていくか、実験してみました。

すると、生後4～5か月のときから週1回、母子で通ったグループと、2～3歳児になって初めて教室に通ったグループとの間で**明らかに差**がありました。

「赤と青の混ざった服を着た写真」を選ばせると、まったく意図したわけではないのですが、選び出された写真に写っていたのは、誕生日前（生後4～5か月）から通ったグループばかりなのです。

子どものすばらしい色彩感覚は、表現できて初めて他者からの評価を得ます。

確かに、色の名前をスラスラ言える子は、言えない子よりも賢そうに見えます。しかし、**すばらしい色彩感覚とは、色の名前を言えることではない**のです。

赤色と青色が混ざって紫色になる、と教えることは禁物です。

色につき合ううちに自然にわかればいいのです。

「この緑色、ママ大好き」

「こんな青色のドレス、ほしいな」
「キレイなお空だね、あの雲、変わった色をしているね」と。そして、
「○○ちゃんはどっちの色が好き？」
「○○と△△ならば、どっちの青が好き？」
と聞き、指を差せたらいいのです。

一般に、「赤」と言われている色の中にも、たくさんの色があります。

赤色を見ているうちに色合いがわかり、黄色に近づいたり、青色に近づくと、元色が変わるらしいことが、ぼんやりわかるくらいでいいのです。

競博士のひと言

ある程度覚えている色数が増えてきたら、次は色がもともとあるものや、色が新たについたもののイメージを、子どもの脳にたくさんファイルすることです。

これは、**視覚連合野**に保存されます。

覚えさせるものは、生活に関連しているものがいいでしょう。

色の名前が言えるよりも、「赤い箱」「青い積み木」など、**色つきの物体を覚えるこ**とを幼いころにすべきです。

9

「どっちが好き？」の二者択一から「どれが好き？」の三者択一へ
――決断の速い子の育て方

子ども向けの絵本だけでなく、図鑑や壁紙などの見本帳、広告写真などで、単純な「**当てっこ遊び**」をしましょう。

最初に、２つの中から１つを選び出します。

その後に、「**○○ちゃん、これと、これとどちらがいい？　どっちが好き？**」と聞き、できるだけ速く、きっぱりと答えてもらいます。

決して、「**どうしてそっちのほうがいいの？**」**と聞かない**ようにしましょう。

これは、**受け答えと聞かれたことだけを即答するトレーニング**だからです。

子どもに何か意図して教えようとすると、説明が多くなってくどくなり、答えられずにモゴモゴしてしまいます。

「二者択一」の当てっこ遊び

「二者択一」という選択の術を巧みにさせるために、理屈抜きで、まずは答えさせましょう。

幼児の感覚は、しばしば親の理解を超えます。

「どうして、なぜ？」は子どもの専用語です。

ときどき、「お母さんはこっちのほうが好き」と遊びの仲間に入って、楽しく長くこのトレーニングを続けてください。

次は「**三者択一**」へと進み、たくさんの中から選び出せるようになったら、「**どうして？　どれが好き？**」と聞きます。

理由が言えるようになると、だいたい好みが決まってきます。

子どもの選択肢の基準が聞き出せるほどに、脳が発達してくるのはだいたい3歳ごろで、お母さんのトレーニングの賜物です。

子どもの「なぜ？」「どうして？」には、あまり理論的に答えないことです。

何事も正しく教えるには、理解すべき子どもの脳の発達に合わせる必要があります。「難しいかな、大きくなってもっと勉強すればわかるよ」と軽く流します。

それよりも、**即断即決できるような働きかけ**が大事です。

競博士のひと言

ここで紹介したのは、色の知識を増やすためではなく、**人間の色の好みをつくる遊び**です。

遊びをすることで色の好みが決まってきます。ものによって、色の好みが違ってきて当然です。

10 子どもの視覚をきたえる6つのトレーニング

——よりよい視覚をはぐくむために

親がよく見えているのに、赤ちゃんにいくら話しても、指を差しても、探しものに焦点が定まらないことがあります。

そんなときは、「どうしてわからないの、ちゃんと目は開いているの？」と、親は子どもに失礼なことを言ってしまいます。

赤ちゃんは目が開いていても、お母さんの指を差す方向になかなか焦点を合わせられません。

特に歩き始めのころに、2〜3歩ヨチヨチ歩いては尻もちをついた子には、二足歩行ができるあたりから、次の6つのトレーニングを何度もやってみて、成功率を高めましょう。

トレーニング1——よく見える目、疲れない目に育てる

よく目立つ本（たとえば、赤色の表紙の本）を棚の上に置きます。

お母さんは、少し離れたところから本を指差して、

「**○○ちゃん、あそこのテレビの横の棚の上に、お母さんの赤い本があるでしょう。持ってきて**」

と言います。これですぐにとれたら、今度は本棚の中の本を、言葉だけの説明でとりにいかせます。

よく見える目、疲れない目は一生モノの財産

テレビの横の棚の上にお母さんの赤い本があるでしょう、持ってきて
お願い

指を差す距離を順々に長くしていき、楽しい条件をとり入れながら長続きするようにします。

もし、この遊びがまだできないときには、もっとやさしく丁寧にやってみてください。

最初に本を見せてから抱き上げ、抱いたままでテレビの上や棚の上に本を置き、「ここに置くね」と本を見せてから離れます。

抱いたまま子どもを歩かせてもいいので、できる限り置いた場所から離れます。

そして、正面の位置から本を指差して、子どもが指を差す先に目玉が止まっていることを確認してください。

左右の目玉が同じ位置で見ているか、同じ動きをしているか、よく注意しましょう。

お母さんに抱かれて見るときは、上から見おろしています。

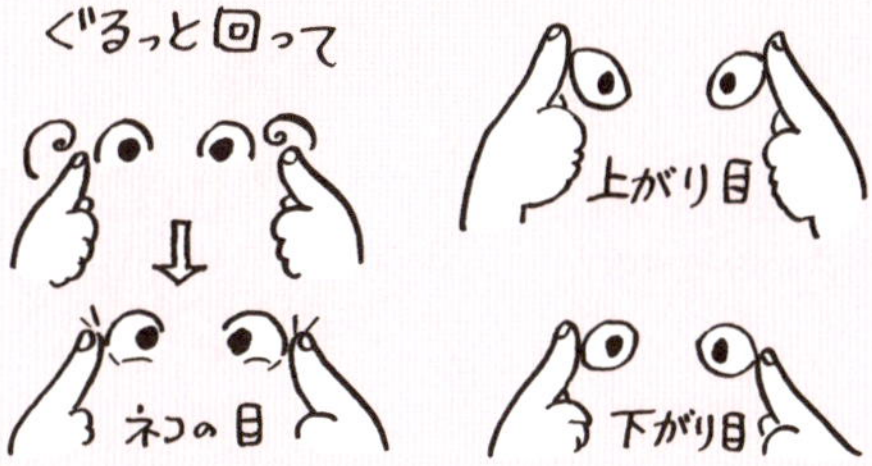

自分でとりにいくときは見上げていますか、正面から見ています。

こうなると、視界や視線を変えて焦点を定めるので、難しい高度な計算をしなくてはなりません。

指示どおりできるには、**お母さんの「お願い」という殺し文句**が必要です。

さらによい「視覚」を育てるために、ぜひ何度も働きかけてください。

よく見える目、疲れない目を持てたら、一生モノの財産になります。

トレーニング2——「上がり目、下がり目、ネコの目」眼筋マッサージ

「**上がり目、下がり目、ぐるっと回って、ネコの目**」と言いながら、目じりを人差し指で上げ下げします。

お母さんと子どもが向き合い、鏡の前でやります。

表情がおもしろい！　と、笑って興味が続くように楽しくしてください。

子どもの指はまだ器用に動かないので、これは力の調節トレーニングも兼ねています。

また、視野に、ほかの指が入り込まないようにしましょう。

指先を使った
眼筋トレーニング

この**視覚訓練は効果的**です。

トレーニング3――指先を使った眼筋トレーニング

お母さんは子どもの前にすわり、正面を向かせ、子どもに「**絶対目玉を動かさないように**」と命じます。

お母さんの人差し指を子どもの目の高さまで持っていき、鼻から25～30センチほど離して、「**頭を動かさないで、指の先を見て**」と言って注視させます。

ゆっくりと指を右に動かしたら、そのまま止めます。

次は左に指を動かして止めます。

子どもの流し目が水平に動いているかどうか、目玉の位置に気をつけてください。

左右対称になっていればいいのですが、いびつならこの遊びを通して矯正してください。

もし、いびつさが目立って気になる場合は、眼科医に診てもらいましょう。

嬰児《えいじ》（3歳くらいまでの子）は、だいたい目玉が左右とも同じ位置で動かないものです。

斜視には、「外斜視《がいしゃし》」（片目が見つめる対象を注視しているときに、もう1つの目が耳側へズレている状態）と、「内斜視《ないしゃし》」（片目が見つめる対象を注視しているときに、もう1つの目が鼻側へズレている状態↓上記イラスト）があり、外斜視は訓練だけでよくなりますが、内斜視の多くは手術が必要ですので、眼科医と相談してください。

外斜視の場合、声の出るほうに目玉が動くようになると対称に動きますが、ときどき焦点が定まらない目つきのときもあります。

二足歩行をしだす、もうすぐ2歳になっても目玉がおかしな動きをするとき（斜視）は、眼科医に診てもらってください。

そして目の動きかけをしてください。

お母さんの人差し指を見つめさせてから、ゆっくり徐々に鼻筋まで近づけると、もう一方の目は鼻側にズレている状態になります。

トレーニング4――強要せずに、声がけしながら姿勢を矯正させる

男の子は動くおもちゃが好きです。

とりわけ、自動車を手で押して動かす遊びはあきないようです。

遊ぶときは、視力向上のために手助けすることを心がけてください。

子どもの背丈や座高より低いところで遊ぶと、目線を車輪に合わせるために身体を曲げたり、横たわったり、顔の半分を床につけたりしながら、車を動かして遊びに興じます。

そうしているうちに、子どもの姿勢が崩れてきます。そのほうが車の部分がよく見えるからです。

横に寝ころんで本を見ているときも注意してください。

左右の焦点距離が微妙に違っているので、左右の目の度数が異なり、メガネをかけないとよく見えなくなってしまいます。

お母さんは、子どもの目の高さに大好きな車輪が見られる台や、机の上に載せて遊べるようにしてあげてください。

そのときに、**左右の目の動きをよく見てチェック**しましょう。

昨今、外で友達と一緒に遊ぶことが減ってきているので、目に対する外からの刺激が少なくなってきています。

親は常に気をつかい、子どもが変な姿勢のときには**矯正**してあげてください。**厳しく強要するのではなく、声をかけて、手を添えて**やります。

おもちゃだけに気をつけるのではなく、**遊ぶ環境や机、椅子といった遊ぶための家具**も選んであげましょう。

歩けるようになっても、斜視が続く場合は、眼科医と相談します。

特に、外斜視は左右の目で1つに焦点を集められず、片方だけの目で見るようになります。

これを続けてしまうと、使わない片方の視力が落ちて、しまいには見えなくなることもあります。

外斜視だった妹の当時の彼は器用にも、片目ずつ交互に使いましたので、視力にあまり差はありませんでしたが、それだけは幸運でした。

なんと片目で距離計算して立体視していたのです。

それでも手術後は、「まるで違った景色を見た」と言っていましたが、彼がどのような景色の違いを知ったかは、他人にはわかりません。

立体を感知できるのは、左右の健康な目の働きがあってこそです。

トレーニング5――「卵当てごっこ」で立体視を強化

卵を用意し、あらかじめ、卵の先のとんがったほうを「頭」、ずんぐりして太いほうを「お尻」と決めます。

お母さんは子どもと1～2メートル離れて向き合います。

子どもの目玉の高さに合わせて、**お母さんは背後に隠した卵を縦向きに**して見せます。

「**どちらが頭かな？　お尻かなと？**」と、子どものほうに向いているのはどっち？　と聞きます。

当たる確率が低いときは、手間ひまかけて、何回でも働きかけてください。

また、外の景色を見せて、距離感を目で見てわかるようにしてあげます。

「あそこにお寺があるのがわかるかな？　公園があるのがわかるかな？　遠くに見える建物、いつも行く○○スーパーよ」

と遠くを見せて語りかけてみてください。

3歳くらいになっておしゃべりができても、立体視ができないと思われたら、懸命に働きかけましょう。

しかし、見えていても、あやふやで答えられないこともあります。

この場合は、何度も練習しているうちに、言われたことを理解して、徐々にうまくできるようになります。

トレーニング6――実物で立体視させる

テレビで見る富士山の景色には、山の中腹にたなびく雲があったり、ときには山頂にかかる雲が見えたり、山の上の青空に浮かぶ雲があったりします。

お母さんは、それらの雲の位置がわかりますか。

景色は立体的に見えますか。

わかると言っても、実際は色の濃淡を、今までの経験から感じとっているだけです。

大人は頭の中で計算し、解析して立体感を描いているわけです。

経験の乏しい幼児は、ぬり絵の複雑な色合いを見ていますが、立体、遠近をどのようにとらえているのかはわかりません。

でも、**実物を見せる**ことは大切です。

実物は、同時にたくさんのことを教えてくれます。

かつて強度のてんかんを持つ男の子を教えたことがありますが、自由画を描かせるのに苦しみました。

遅々として成果が挙がらないので、私は考えつく限りの働きかけを試みましたが、なかなか難しい状況でした。

そんな雨の日、コップと急須の写生をさせました。

そのとき、初めて大変なことに気づきました。

彼はコップのふちを線で結べなかったのです。

円はフリーハンドでかなり上手に描けたので、手を添えて教えました。

いろいろ観察して、立体視していないのでは？　と感じ、トレーニング5の「卵当てごっこ」で遊びました。

まぐれ当たりか、判断できたのかわからない時期が長く、彼の立体視の臨界期がすぎてしまったのかとあきらめかけていました。

考えぬいた方策も底を尽き、今までの訓練はムダだったのかとさえ思いました。

そのころちょうど、畑の落花生の収穫前でしたので、彼に手伝わせることにしました。

一さやに2つの豆がついたのが多く、それでも彼は喜んで懸命に根からもぎとる作業をして、汗だくでした。

これで終わりではありません。

日課として、その日の日誌を書いてもらいました。

はじめから終わりまで、私は、「**今日は何した**」「**畑に行ったね**」「**今日はおばあちゃんと畑に行きました**」「**畑で何した**」「**豆をとったでしょ**」と、1つひとつ、思い出すヒントを与え、書く文章も教えてそのとおりに書かせ、最後に感想を本人に言わせるようにしました。

すごく難業でした。

ところがそのとき、感想文を書くように私が命令する前に、書いていたのです。

「**ピーナッツは8の字だった**」と。

私は言葉もなく、感激しました。

彼は**立体視ができていた**のです！

立体から平面を読み取り、それを文字で表現したのです。

すばらしい言葉でした。

その後、彼は目に見えて進歩し、私に幸せをくれました。

立体視ができ、彼の目からの情報処理は正確になり、行動面も目を見張るものがありました。

競博士のひと言

親鳥が走るのを見ると、ひよこは後をついていきます。

ひよこは親鳥の走りを見ないと、後をついていけません。

これは、生まれた直後に見ないとできないので、後追い学習には覚える時期があると考えられ、**臨界期（クリティカル・ピリオド）**と名づけられました。

視覚に臨界期のあることは、ネコで1962年にヒューベルとウィーゼルが見つけ、1981年にノーベル生理学・医学賞を受賞しました。

第3章

「嗅覚」が
みるみるよくなる
5つの方法

危険察知力を高める
「におい」トレーニング

子どもの嗅覚を養う「カヨ子式」言葉がけ

嗅覚（においの感覚）は生活を豊かにします。

においは嗅《か》いで経験しないと習得できません。

においに敏感な子に育てるには、いろいろなにおいを経験させることです。

物質には、それぞれのにおいがありますが、実生活では、いろいろな物質が混ざったものがにおっています。

においについては、ほかのものと混ざらない、**そのもの独自のにおいをどう伝えるか**が大事です。

わが子がどれくらい嗅覚にすぐれているかは、においの感覚を表す言葉と態度を観察して初めてわかります。

子どもに言葉をかけるときは、お母さんの独り言のような語りかけでいいのです。

赤ちゃんのときから、

「おいしいよ、いいにおいがしている」

「わぁー、パンをこがしちゃった。窓をあけてにおいを外に出そうね」

「へんなにおいがするよ、オナラしたの、だぁーれだ」から、

「この桃、どこの桃なのかな、こっちのほうが熟《う》れて、おいしそうなにおいがしてるね」

「オムレツにチーズを入れました。チーズのにおいしてるでしょ」

と、においについて、言葉で働きかけてみます。


できるだけ「くさい」「キライ」「イヤ」も使わないでみてください。素直に、においそのものを知るために、「くさい」「イヤ」の中に分類しないようにして、子どもに語りかけます。


「手を洗いなさい」

「汚れてないよ」

「じゃあ、手のにおいを嗅いでみて。ヘンなにおいしてない？」

というように。

子どもが認識していない汚れも、親の言葉がけにより、においで汚れを知ることができます。

においについての詳しい会話は、5歳ごろにならないと無理でしょう。

幼児は、くさいにおいを早くから言葉で受け続けます。

いいにおい（香り）は、よほど心がけていないと、幼児の会話の中に出てきません。

しかし、物質（特に有機化合物）には、それぞれ特有のにおいがあります。

赤ちゃんとの会話の際、お母さんの感じるままの表現で語りかけてください。

できる限りたくさん語りかけましょう。

どのように感覚が受け止めたのかは、そのときにはわかりません。

しかし、花の香りで花の種名をイメージできるような感情豊かな子に育ってほしい、すばらしい感性の持ち主になってほしいと願うなら、早期から嗅覚をきたえる働きかけをしてあげてください。

幼児教育の真骨頂と「生きる基本」

働きかけの結果がいつ出るかわからない、役に立ったかどうかわからない働きかけこそ、親にしかできない幼児教育の真骨頂です。

まずは、親自身がよいと信じる感性をわが子に刷り込んでください。

きついにおいや刺激臭はなるべく避け、家の中にその発生源を置かないように心がけましょう。

くさいにおいは、すぐ言葉に出ます。

「オナラしたの、ごめんなさい、と言いなさい」

と、しつけることはありますが、

「ちょっといつもと違うにおいね。おなか痛くない？」

と、**発酵しすぎたにおいを教えることもできたら、お子さんは客観的な認知能力**が持てるようになります。

未体験のにおいに敏感になり、そのことでまわりの環境をチェックすること

を、いち早くできる能力も身につきます。

危険察知力をきたえるためには、目で見て、耳に入り、知るまでに時間がかかります。

子どもの目に留まらなければわかりませんし、耳で聞き漏らしてもわかりません。

空気の流れを皮ふで感じ、わずかなにおいに異常を知る――これがよいことなら、時間がかかっても問題はありません。でも、悪いことが起こりそうなときは、早く知るにこしたことはありません。

私の息子が小学生のころ、「そろそろ弁当、においだしたよ」と、夏になると教えてくれました。

「おかずにあやしいの入れたから、気をつけてね」

と言えば、**息子はにおいを嗅いで、口に入れる前に手をつけるか、つけないかのチェック**もしました。

小学生くらいになれば、それが普通だと思っていましたが、親がつくった弁当だから、学校の給食だから、お店のものだからと何の疑いもなくそのまま食べて気持ち悪くなり、吐いた子の話を聞くと、**幼児からの嗅覚、味覚への働きかけはやりすぎということはありません**。

学校に通いだすと、親の手から離れる時間が長くなります。

その間をうまくすごしてもらうには、**就学までに「生きる基本」を身につけさせるための手間を、惜しんではならない**のです。

人として持って生まれた感覚の1つを失うと、生き方を大きく変えざるをえません。

嗅覚といえども、その例に漏れません。

生まれながら正常に備わった感覚器官を、心身とともに発達させるべきです。

競博士のひと言

嗅覚は、においを嗅いで経験しないとわかるようにはなりません。

とにかく、いろいろなにおいを経験させることです。

においを感じる感覚器（嗅《きゅう》細胞）は、鼻の奥の天井にあるので、嗅ぐために意識して息を吸わなければなりません。

嗅細胞は脳の中の「嗅球《きゅうきゅう》」につながり、その後、においの最高中枢、前頭前野の下方部分（味覚野〈前頭眼窩回《ぜんとうがんかかい》〉）の後部につながって、ここでにおいを認識します。

脳がみるみる賢くなる5つのトレーニング

1 嗅覚をきたえる「口うがい」と「鼻うがい」
――うがい薬で早期からトレーニング

インフルエンザが流行するころや、花粉が舞いだす時期になると、急に「外から帰ってきたら、すぐうがいをしなさい」と、小学生の孫たちは私に強制されます。

一応は言いつけをはたしますが、後が大変！

洗面所の至るところに、うがい薬が飛び散っています。

母親に汚したところを見つかり怒られ、危うくおやつがなくなるところでした。

そこで私は、毎朝うがい薬を使うよう孫たちに指示。ついでに「**おばあちゃんのうがいの仕方をよく見なさい**」と、市販のうがい薬を使って、私流のうがいの作法を見せました。

最後に鼻の中を洗浄したとき、

「わあー、そんなの、できないよ」

と言われたので、

「おばあちゃんができて、あなたができないことはない。水泳のときに鼻から水を飲んで、つーんとした経験があるでしょう。飲み込むから痛いのよ。息を調節して、鼻の中でうがいをするのよ。うがい薬は飲まないでしょう。やればできる」

そう言ったのですが、結局できませんでした。

成長してからは、練習をしなければなかなかできないのですが、幼児期に遊びの中で適切な働きかけをして、自分の感覚器官のコントロールを無意識のうちに身体に覚え込ませていると、子どもはいつまでも忘れません。

最初はぎこちなくても、すぐに上達します。感覚をきたえるための運動記憶は忘れないものです。

ある日、風邪を引いた甥《おい》が鼻をズルズルさせ、ガサガサ声で電話をしてきました。話の途中で私は鼻うがいをすすめました。

「**うがい薬の濃度をいつもより薄くして、うがいをしてごらんなさい**」

そう言うと、甥はすぐに実行しました。

この子は、口に障害がありながら生まれ、生後すぐから私の育児法の洗礼を受けました。

特に呼吸、吸引、嚥下《えんげ》（食物を飲み下すこと）など、私の知識の限りを尽くして教え込みながら、手術を受けました。

幼児期に強烈な体験をしている甥は、何の苦もなく鼻うがいを実行しました。

うがい薬は使われる器官によって濃度が違います。私は**なるべく薄くして、回数を増やす**ようにしています。

口うがいのやり方

口うがいの方法

●ポイント——口に多く水を入れると、外にあふれたり鼻に入り込むので注意！

1 口に含んで口腔内のゴミを除き、歯茎、歯を舌でまさぐる
2 静かに吐きだす
3 少しの水で顔を上げ、できるだけのどの奥でうがいをする
4 口から息を吐く。弱く、強くを続けて吐きだす

鼻うがいの方法

●ポイント——ぬるま湯（体温以下）にするとよい

1 コップに水を入れ、鼻の下に押しつけ、鼻孔に水が触れるまでコップを傾ける。片方ずつでもよい
2 ゆっくりと吸い上げ、鼻孔で止めてパッと吐きだす
3 鼻の下にコップを押し当て、ゆっくり鼻から呼吸して、水の出し入れをしながらうがいをする。慣れてくれば、奥まで入れ、口から出すこともでき

鼻うがいのやり方

鼻孔に水が
触れるまで
コップを傾ける
ゆっくりと吸い上げ、
鼻孔で止めて、パッと吐きだす
ゆっくり鼻から呼吸して、
水の出し入れをしながら
うがい

るようになる

競博士のひと言

ウイルスや細菌などの感染から身を守るために、外から帰宅したら「手洗いとうがい」を生活習慣にすることです。

うがいのときに、口、鼻、のどを液体ですすぎますが、これは**呼吸が大きく関わる運動の学習**です。

子どものときのほうが覚えやすく、運動学習は一度覚えると忘れにくいので、早期から行いましょう。

②　うんちは一大事業！　排便時の表情を観察する
――うんちの処理を雑に、おろそかにするな！

赤ちゃんのお尻に顔を近づけて、「くさい、イヤだ、うんちしてる！」と大きな声で話しているお母さん！

それは、「便は汚くてくさいもの」という固定観念ができ上がっているからではありませんか？

便は離乳食を与えだすと、だんだんにおいが変わってきます。

しかし、このころには、便をする時間がだいたいわかるものです。

そのとき、においがしたら、**赤ちゃんの排便の表情を観察**するようにしてください。

たとえば、オムツを替えているときにうんちのにおいがして、

「イヤだ、この子、今うんちしてる！」

と顔をそむけてオムツをはずしたら、排便が始まったばかりで、はみだしそうな便を見たとします。

このとき、あなたはどう対処しますか？

赤ちゃんにとって、**排便は一大事業**です。決しておろそかに、**粗雑に扱わないこと**です。でも、

「きゃー、イヤだ、うんち」「早くしてよ、くさいなぁー」

と、大声で一度は口に出しているはずです。くさいものはくさいですから。

すると、「よかった、おばあちゃん、きてくれた」と私の顔を見るなり、お嫁さんに言われます。

私はオムツ交換の名人です。

「**うんち、もうないの、まだありますか？**」

そう言いながら、赤ちゃんのお尻の穴を軽く拭きます。

そして、排便がもっと続くのか、続かないのかを促します。

最後は「**気持ちよかったね。スッキリしたね**」で終了です。

私にも、うんちはくさいのです。

うんちの色やにおい、感触は、それまでの経験でイヤなものの中に分類しがちです。

とらえ方に、その人の生活史が窺《うかが》えます。

排便や排泄物はイヤなものでも、子どもが育つ過程で大事なことだと言い聞かせて、温かく、やさしくわが子に接しましょう。

排便の行為自体は気持ちいいものですが、排泄物はいち早く始末しないと、みんなに迷惑をかけることを教え込むために、お母さんは**においも形態も素直に受け止める**ことが大切です。

そして、かわいいわが子を便秘がちにしないためにも、「**排便は気持ちよく**」をお子さんに条件づけてあげてください。

生き物にとって、排便は一大事業だからです。

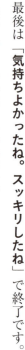

競博士のひと言

食べ物は、胃腸で消化、吸収された後、直腸で腸内細菌が働いて発酵、腐敗し、便として排泄されます。

便の色、形、においは、食べ物と赤ちゃんの健康状態で変わってきます。

不快なにおいがしても、病的なものかどうか、客観的に判断しなければなりません。

便を汚いものと思うかどうかは個人が決めることで、便の後始末をしてあげることが大事です。哺乳類には、自分の子どもの肛門をなめて、便を始末する動物もいます。

3

なぜ、「イヤなにおい」を嗅がせたほうがいいのか？

――においの「体験数」が感性を豊かにする

子どもによっては、特定のにおいが気に入ってしまい、とても困ることがあります。

いつも自動車の後ろに回って遊ぶ子を、「危ないからそこで遊んではダメ！」と叱っても、やめようとしません。

エンジンがかかったときや、エンジンが止まったときの排気ガスのにおいが好きで、その場を離れないのです。

くさい、香るなど、嗅覚はやっかいなもので、正確に教えにくいものです。「うんちはくさい」「花はいい香り」などの単純なヒントでは、子どもに〝貧しい感覚表現〟として受け取られてしまいます。

これでは、見たり、聞いたりしても、なかなかイメージを描くことがしにくくなります。

毎日の感覚刺激を、通り一遍のことで終わってしまっては、「行間を読む」という説明のできない世界を伝えられません。

すると、字づらだけわかって終わり。これでは、「創造力のある子」「集中力のある子」になりません。

ただ、わが子の持つすばらしい感覚を親が知らないうちに封じていないかと、反省するのはいいのですが、ひどく落ち込むのもいけません。

時と場合で、子どもの受け止め方は違います。

元気のない親の働きかけは迷惑。それでは、子どもにシャープな感覚は身につきません。感覚の鋭い子どもは、自我の目覚めも早く、おませです。

お母さんは、日ごろから、**短絡的に子どもに感情をぶつけていないか**と、自分自身を振り返ってください。

「わが子がすぐれた子に育ってほしい」と願いを込めて……。

この嗅覚というとらえどころのない感覚は、子どもにとっても、お母さんの感じ方を素直に受けるしかないのです。

ただ、言葉での表現は「くさい」は仕方ないとしても、「キライ、イヤだ」は言わないでください。たとえば、

「**あまりいいにおいではないね。お母さんは、好きじゃないにおいだわ**」のように、「キライ」と言い切らずに、「好きではない」ぐらいの表現にします。

以前、「私、水仙はあまり好きではないの」と、水仙を部屋に飾るのをイヤ

がる友達がいました。

この話を聞いたときは、何かイヤな悲しい思い出があるのかと思っていました。

ところが、その友達に女の子が生まれ、その子には、どんなものでもにおいを嗅がせるのです。

友達の家には、色とりどりの季節の花が、いつも飾られています。

友達は、その子と散歩をしては野の花を摘んだり、畑の花をもらってきては足して活け、まるで仏様に飾る花のようでしたが、一度も水仙が混ざっているのを見たことがありません。

私の畑には水仙が咲いているので、その子をつれていきました。

ところが、ドクダミの花にも近づくのに、水仙のにおいを嗅がそうとすると、その子は「くさい」と言って顔をそむけるのです。

これは、その子のお母さんが教え込んだものと直感したので、まず私がにおいを嗅ぎました。

「そんなことないよ、嗅いでごらん」

「たくさんあるでしょ。黄色いのも、白いのも違ったにおいがするのよ」

私は八重の先祖返りして、変わった冴えない色の水仙を違った場所に移植していたので、「こんな水仙もあるのよ」と言いながら手で折って、においを嗅がせました。

でも、**「わあ！」とビックリするほどくさい**のです。

確かに、水仙のにおいもしますが、腐敗臭に近い、むせかえるほどすさまじいにおいでした。

水仙は一輪挿しが似合う花ですが、それにしてもこんなにすさまじいにおいのある水仙があるとは思いませんでした。

その子には、においの弱い水仙を2～3本持たせ、私はビニール袋にくさいほうを入れて帰りました。

数日後、その子のお母さんにその水仙のにおいを嗅がせてにおい比べをし、

「同種類の花でも、こんなににおいが違うのよ！　自分の経験で決めつけて教

えては、豊かな感覚は育たないわよ」

と言いながら、

「お子さんが持ち帰った水仙を花びんに挿《さ》してトイレに置いておくと、いいにおいになるわよ」

と伝えました。

競博士のひと言

感覚刺激に脳が敏感に反応して、認知、記憶がはかどる時期を「**臨界期**」と呼びます。臨界期には、記憶学習がはかどるのですが、臨界期でないとうまく学習できないわけではありません。

最近では、「臨界期」よりも、「**最敏感期**」と言われるようになりました。

嗅覚、視覚、聴覚には「最敏感期」があります。どれくらいの期間かは、感覚によって違いますが、においの「最敏感期」は、まだよくわかっていません。

においを嗅いで覚えたり、嗅いだ感情は、本人が日々の体験で会得していくものです。**決して親が押しつけてはいけません。**これが「感性教育」です。

4 男の子と女の子で、言葉がけを変える理由

――親の主観を押しつけずに、感覚を研ぎ澄ませる

一般に女性は、においに敏感で、においを嗅ぎ分けるのに長けています。

どうして、男性と女性でこの差がつくのでしょうか？

まだはっきりとはわかっていませんが、お母さんの日常は料理、洗濯、掃除など、様々なにおいに触れているのが大きいのかもしれません。

二足歩行ができるようになると、男の子と女の子で感覚の受け止め方や行動に差が見られます。

幼児期になったら、**男女ともできるだけ多くのにおいに触れさせるべき**です。

男女の感覚の受け止め方に差が出たとしても、感覚への働きかけは男女とも重要です。

たとえば、花の咲き乱れる公園につれていく場合、子どもと手をつないで散

歩します。
女の子と一緒に花に近づき、「いいにおいね」と言うと、その子はすぐに反応してくれます。

では、男の子はどうでしょう？

花をちぎるために手を出したり、先へと進むことに熱中し、なかなか花の前で止まりません。男の子は、ベビーカーに乗せているときでない限り、この働きかけには応じないでしょう。

二足歩行ができるようになると、お母さんの声がけに対する反応も個性が出てきます。

「この花とこの花、色が違うね。こちらのと同じだね。この花だけ違うね」

と、花の大きさや色で興味を持たせ、においについて語りかけます。

赤ちゃんのときから、

「くさい、くさい、早くキレイにしようね」

「気持ちよくなったね。もうくさくないよ」

「このみかん、いいにおいしてるね。おいしいよ」

などと、折に触れて、においについての働きかけをしていると、子どもの脳に、においの感覚がすっと入ってくるようになります。においを感知して、すぐに鼻をつまんでも、そのにおいを消し去ることはできません。

子どもは、においについて、それまでにたくさんの洗礼を受けてきています。**お母さんの感じたままを、言葉やしぐさで示すだけでいい**のです。「くさい」「いいにおい」だけの表現ではなく、必ずそのにおいについて語りかけてください。

競博士のひと言

におい感覚の発達の性差がなぜあるのか、細かい研究はまだ行われていません。いろいろなにおいを嗅がせ、それについて語り、においに興味を持つように仕向けましょう。このときに、関連づけた知識も教えます。ただ、決して親の主観を押しつけないことです。

カヨ子式
嗅覚のきたえ方

5 赤ちゃんのうちから「ほのかな香り」を感じとらせる
――自然の中でにおいに敏感にさせる法

私は炭焼き窯《がま》を使っています。

竹を焼いて竹炭づくりをしていますが、炭焼きをした後は全身から炭のにおいやタールのにおいがすごいです。

このにおいに対して、孫たちは何も言いません。「くさい」とも言わないのです。

また、**竹炭酢**（木材を乾留して得られる酢酸、木精《もくせい》〈メチルアルコール〉アセトンやタール状のものを含んでいる）をお風呂に入れていますが、孫たちはイヤがりません。

むしろ好きなにおいの仲間に入っています。

あるとき、**銀杏の木酢液**をお風呂に入れました。色は銀杏のように薄黄色で、

自然の中で たくさん においを嗅ごう

においは竹よりやわらかい甘さを感じられたのですが、「今日のお風呂に、何を入れたの？」と不評でした。

一方、**檜**《ひのき》を焼いて入れたときは好評でした。

子どもたちにも、タールのにおいの微妙な違いがわかるのです。

赤ちゃんのうちから、芳香剤など、きつい合成香料のにおいをたくさん嗅いでいると、わずかに香る自然のにおいを感じとれなくなります。

子どもには、機会あるごとに、「**自然の中でたくさんにおいを嗅いでごらんなさい**」と日々声をかけてみてください。

第4章

「聴覚」がみるみるよくなり、「話す力」がつく5つの方法

遊びながらおしゃべりトレーニング

幼児のおしゃべり教育の注意点

生まれた瞬間、赤ちゃんは産声《うぶごえ》を上げますが、泣き声はほとんど「母音」です。

そのうちに、「アオン」「チッ」「チィチー」など、口の形を変え、舌を絡ませて声を出し始めます。

子音らしき音を出して、喃語《なんご》（乳児が発する意味のない声）をさかんに話しだします。

このとき、赤ちゃんは口から出る音を自分の聴覚で確かめています。

音を聞き、声の出し方を覚えている大切な自習時間ですから、**赤ちゃんの独り言はグズるまでほうっておいてあげましょう**。

その後、少しずつお母さんや家族の動く口もとをよく見入るようになります。

頭の中で確かめているように聞きとって、自分も同じようにモゴモゴと口を動かします。

ときどき、奇声を出すので、驚かされることもあります。

この発声練習である口の動きも、ただ赤ちゃんの試行錯誤に委《ゆだ》ねるだけでなく、**遊びの中に口の動きをとり入れた働きかけ**をすると、ぐんぐん効果が上がります。

そして、誰の言葉でもマネをし始め、赤ちゃん自身が自分で似たような声を出せることがわかると、一気に単語らしい発声をするようになってきます。

このときは、独特の表現になります。

親だからこそわかる言葉がある一方で、親でもわからない言葉もあります。

たとえ意味不明の話をしても、親さえわかればよいと、思いがちです。

赤ちゃんが言葉を覚えるのは、お母さんの働きかけに対し、自分から話そうと応じた結果なので、**赤ちゃんの努力の賜物**なのです。

ですから、お母さんだけではなく、まわりの人にもわかってもらわなければ意味がありません。

そのために、お母さんは、お子さんの舌足らずの言葉をマネずに、**正しい発音で応対**するようにしてください。

せっかく覚えたものを後で修正する余分な労力をかけるべきではありません。子どもの言葉をその都度直すのではなく、**親がマネをしない**ことです。

赤ちゃんは、同じ発音でも、意味が異なることを発している場合があります。「まんま」は「ごはん」のことであったり、「ママ」「パパ」のことであったりします。

言葉を話すというのは、ひと言だけを途切れ途切れに言うのではなく、**二言、三言をつないで言えるようにならないと、しゃべるとは言えない**のです。

短くても文章（センテンス）にならないと、おしゃべりができるとは言えません。

親の働きかけ次第で、簡単な言葉を的確に早くから使えるようになります。

昔は歩く時期が早い子は言葉が遅い、また、その逆もしかりと言われたものですが、親の適切な働きかけにより、**歩行も言葉も、可能な限り早くから覚え**

させることをおすすめします。

発声練習の「NGワード」

「マンマ」「パパ」と単語を口に出し、意味がわかるようになって、意志も通じるようになると、急速にお母さんの言葉を**おうむ返し**に発音できるようになります。

この時期、子どもは、**自発的にしゃべるための発声練習**をしているのです。言葉で意志が通じることを、知りだしたからなのです。

たとえば、「ママ、ママ、オンモ」と単語の羅列で意志を表すときは、必ず「オンモ、イクノ」ではなく、

「オンモ、オモテへ行くのね？」

「オンモ、オモテに行きたいの、待っててね、まだ行けないの、待っててね」

と何度かくり返して答えましょう。

決して、「オンモでないの、オモテ」とは言わないでください。

靴を履かせるときも、

「**クック、クック**」

「**クック、靴ね、これは私の靴、ママの靴、○○ちゃんの靴、どれがいいかな**」

「**こっちの足にはこれ、こっちの足にはこの靴を履くのよ**」

と、正しい単語を何度も言い直して、話しかけましょう。

「クック履いて、オンモへ行こう」

とお子さんの言葉をくり返さないで、

「**クック、靴を履いてから、オモテへ出かけようね**」

と、はっきり話しかけてください。

子どもがよくマネる時期は、**親は正しい言葉づかい**をしてください。

長い文章（センテンス）でもいいのです。

子どものほうは、その中で気に入った単語を覚えますが、**単語だけを教えるのはムダ**です。

長い言葉の中から覚えた単語の前後に言葉があることを知り、長い言葉の中

から新しい単語を記憶して、言葉の前後のつながりで意味を感じとれると、大事な意志表示につながります。

お母さんだけが知るわが子の能力は、それがどれほどすぐれていても何の意味もありません。脳の中に大事に収めているだけでは役に立たないのです。外に表現する行動があってこそ初めて、子どもの脳の発達度合を知ることができます。

この場合は、まず発声ができたら口で言葉として発音させ、話せるようにします。

言葉をはっきり、しっかり使えることが早くできると、その子の生活は豊かに広がります。

自分の意志がほかの人に伝わることは、自信もうれしさも増します。

これが励みとなって、自分から学習しようという意欲につながります。

自分の意志が伝えられるようになると、親は発音の仕方や話し方に気をつかわなくていいのです。

テレビなどのおかげで、子どもたちはどんななまり言葉も聞きとれます。

多くのものの中から、自分に必要なものを上手に選び出していくことは、現代っ子には必要条件です。

まず、言葉とおしゃべりの訓練で、その技を磨いていきましょう。

テレビもＤＶＤも立派な教材となります。

脳がみるみる賢くなる5つのトレーニング

1 「手づくり童話」で、発声と正確に聞き分ける力を磨く

──リズムを変え、くり返し聞かせる創作童話の効用

2歳くらいになると、子どもは公園も、リンゴも認識するようになります。子どもがすでに見聞きしている身近なものを例にして、「手づくり童話」をつくりましょう。

大きな分厚い白紙、フェルトペン1色、色紙、ハサミを用意し、子どもを前にすわらせて紙に実線で絵を描き始めます。

例：発声を促すためのお話

○○ちゃんが公園につきました。

「手づくり童話」で
子どもの可能性を
引き出そう

（斜めに放物線を引きます）
お池（水たまり）があります。
大きな木があります。
大きな木にリンゴがなっています。
（実線で丸を1つ描き、手の指を使って様子を表します）
「あかーいリンゴです。おいしそうです」
（これは、状況説明です）
おや、リンゴがボトンと落ちました。
コロコロ、コロコロ、ポシャン、お池に落ちました。
お池にポシャンと落ちました。

これをくり返しくり返し、あきるまで聞かせます。
リズムを変え、速くしたり、ゆっくりしたりしながら……。
リンゴが落ちました。コロコロ、コロコロコロコロ、ポシャーン。
色紙を丸い形に切り抜き、それをリンゴに見立て、「コロコロ」と言いながら動かします。

赤いリンゴがコロコロポシャン、黄色いリンゴがコロコロ、ポシャーン。青いリンゴが落ちて、コロコロころがって、お池にポシャーンと落ちました。

こちらは、同じ単語が多いですが、どこかちょっと違う表現……。

発音かな？　リズムかな？　子どもはきっと感づいています。ただ、それを言葉に出して言えないだけです。

子どものほうから、口マネしてくれたら満点です。

少しでも興味を長く持てるように工夫して、この**創作童話**に親しませてください。

描いた絵は、後で数を数えたり、色を教えたり、配置を一緒に考えるなどして、**創作玩具**として遊べます。

同じ音のくり返しなら、発声しやすくなります。

正確にマネられたら、「**コロコロー**」「**ゴロゴロー**」「**トロトロー**」「**コロロン**」

「**コロリンコ**」と変化を加えてマネさせます。
これは、より**正確に聞き分ける働きかけ**です。

私は、息子たちが文字に気づき、「読んで」とせがまれるまで、絵本は物語のないものを与えました。
前記の童話も、たった1ページの絵本に仕立てます。

「お山の上に大きな、大きな木がありました。リンゴの木です。
真っ赤なリンゴが、いち、にい、さん、みっつあります。
黄色いリンゴが、いち、にい、ふたつあります。
青いリンゴは、いち、にい、さん、わーぁたくさんなってます。
赤いリンゴ、おいしそうだね、とってもおいしそうだね。
あっ! 落っこちた。
赤いリンゴは、コロコロ、コロコロと坂道をころがり落ちました。
下のほうに大きな池があるよ、赤いリンゴは、ころがってお池にポシャーン

わくわく
赤いリンゴが いち、にい、さん
青いリンゴが いち、にい、さん
黄色いリンゴが いち、にい

子どもの想像力が飛躍的に発達する

と落ちました」

こんな単純なくり返しでいいのです。

くり返し発声させるので、口のまわりに発声しやすい筋肉もつき、子どもはあきずに喜びます。

こんな単純な童話でも、擬音に興味がある子、数に興味がある子、色や形、絵に興味がある子など、今までの感覚の受け止め方で、個性や想像力の表出の仕方が違ってきます。

また、**手づくり童話の中に、風の吹く音、雨の降る音、川のせせらぎ、動物の鳴き声、飛行機の音など、同じ発音を何度もくり返し聞かせてあげて**ください。

音から映像をイメージでき、映像から音をイメージするようになって初めて想像力が飛躍的に発達します。

興味を強く持つものととり合わせたり、不得手なものに働きかけをしたりして、より円滑な脳の持ち主に育てるのが、幼児教育の大事な目標です。

競博士のひと言

「ママ」「パパ」と言えるようになり、おもちゃで遊ぶようになると、絵本も見るようになります。

絵本をおもちゃにする前に、創作童話をつくって話します。すると、言葉を理解して話すようになるだけでなく、感性が磨かれ、思考力がついてきます。

童話には伝えたい主題があり、どこで、何が、どうしたかを、不完全な形で話します。子どもは話を理解すると、言葉を覚え、絵で表現することを覚え、話し方も覚えるのです。ぜひ、同じ発音を何度もくり返しながら楽しんでみてください。

②

話し方がぐんぐんうまくなる！「アババ遊び」「ビービー紙遊び」「巻き舌遊び」

——お遊びで自然にマスターさせよう

将来、子どもは日本語以外の言葉を流暢《りゅうちょう》に使うかもしれません。

そのときのために、**よく聞きとれる聴覚**を発達させておくと、役立ちます。人間のコミュニケーションには、まず会話ができることが不可欠。正確に言葉を聞きとり、そのとおり発音できる能力が大切です。

ここで紹介する「**アババ遊び**」や「**ビービー紙遊び**」がうまくできると、紙をびしょびしょに唾液で濡らすこともなくなります。

その次は、江戸っ子になって「べらんめー」などの音出しに挑戦です。

大人になってからではなかなかできない動きも、幼児はいとも簡単に身につけます。

❶「アババ遊び」

赤ちゃんがやっと意識して声を出す（喃語）ときは、どの音もうまく発声していないのが普通です。

このころから対面して**「アババ遊び」**をします。

口に手の平を当てて、「あー」と長く声を出し、手の平で軽く連打します。

まず、お母さんがやってみせましょう。

「あーと言ってみて」

お子さんの声に合わせて、お母さんがお子さんの唇をたたきます。

単純な遊びですが、自分の声を聞くこの遊びは、いくらでも応用できます。

大きな声で泣き続けていると、「そんなに泣いたら苦しくなるよ」と大きく開いた口を、軽く手でたたいてください。

すると、興奮も止まり、お遊びのことを思い出します。

子どもの大好きなコマーシャルソングに合わせて「アババ合唱」をしたり、「ア」だけでなくほかの音（母音）でリズムをつけたり、高低もつけて遊びま

ビービー紙遊び

しょう。

❷「ビービー紙遊び」

幼児期になったら、クッキングシートなどの薄くて強い紙（撥水性のあるもの）を使い、その紙に「ビービー」と声を吹き込んで、**振動させる「ビービー紙遊び」**をさせましょう。歌に素敵なバイブレーションをつけて！

そのほかにも、壺の中に向かって、声を出すのもいいでしょう。

高低をつけて長く声を出すと、響く度合が変わり、不思議な音色になります。

自分の出す音を知ること、人マネで一生懸命にしゃべれる前の単純な発声（呼吸）と、「聞く感覚」への働きかけです。

これも難しく考えないで、お遊びの中で楽しく、**知らぬ間に身につけてほしい**ものです。

巻き舌遊び

❸「巻き舌遊び」

私の祖父はおもしろい人で、おでこをピシャンと音を出してたたくと同時に、長く舌を出し、のどを引っ張ると、ペロンとその舌を引っ込めます。

私にもよくやってくれました。楽しくてたまらなかったのか、私自身、その記憶は消えず、妹にも甥にもマネをして見せました。

すると、妹も甥もとても喜んでくれました。

幼児は、よく動く舌に興味を持ち、動作をマネます。

すばやく舌を出すには、舌に力を入れなければできません。

ロシア語の「R」の音、「ベロベロ・バー」の音は、速く動き、ゆっくりとした舌先をつくって発声します。

舌先に力を入れないと動きませんので、大人にはなかなか出せない音です。

生きた英語をなるべく聞かせるために、画像をとり入れた器具を使うことも効果的ですが、どのような方法で聞かせても、**日常使っているその国の人の言葉**を聞かせるように配慮してください。

感覚への働きかけは、意識して教えるのではなく、**機会と場を用意するだけ**です。

競博士のひと言

言葉は、単に口を発達させることだけでは話せるようになりません。

呼吸の調節とリズムがよく聞きとれるよう、聴覚への働きかけが必要です。

1つの感覚だけでなく、**複合感覚として関連のある全感覚が動くような働きかけ**をすると、より早く成果を挙げます。

③ なぜ、「幼児語」はご法度なのか？
――クボタ式「最短最速」日本語マスター法

赤ちゃんはどんな言葉でも、まわりの年長者の使う言葉をマネて発音します。

「ウマンマ」が母親だったり、食事だったりしますが、時と場合で判断して、不明瞭な発音でも理解してあげてください。

ここで心がけていただきたいのが、**赤ちゃんの発音をマネて対応しない**ことです。

赤ちゃんが「ウマンマ」と言ったら、

「ハイ、ママですよ、何かほしいの？」

「ママにご用ですか？」

「何ですか？」

「おなかすいたの？　ごはん食べたいの？」

と話しかけてみます。


やっと、意味のある発声が聞こえてきました。

赤ちゃんにとって、これが最初の言葉です。

言葉を早く覚えて正しく発音したいと、いつも受けとるばかりの赤ちゃんが自分の考えを言葉で表現してくれています。

でも、言葉は、相手に通じなくてはいけません。

わが家だけで通じるのは、言葉ではないのです。

お母さんは、**会話の中に日本語の文章（センテンス）を入れて、正しい発音**で話しましょう。

相手が赤ちゃんだからといって、**赤ちゃん語を使わないでおしゃべりする習慣**をつけてください。

あるお母さんは、

「うちの子、なかなかしゃべらないの、こっちの言う言葉はしっかりわかるんだけど」

「ジッと顔を見て、ちゃんと聞こえているんだけど」

と心配したり、この子は歩くのも、声を出すのも早かったのに言葉は遅い、自分でスプーンを使って食べることもできるのに、話すのが極端に遅い、と不安がったりしていました。

この「A助くん」は大家族なので、ゆっくりひとり遊びなどはできません。

近くに住む従兄弟《いとこ》3人は、その子の家に毎日入りびたりで、その子は多くの

赤ちゃん語を
使わないで
おしゃべりする
習慣を

言葉に囲まれていました。ですから私は、

「**大丈夫よ、そのうち一気にしゃべるから、あなたは根気よく、丁寧に日本語を話すこと**」

と太鼓判を押しました。

聴覚に異常がなく、単語もしっかり話しますが、センテンスにならないだけでした。

この子は見聞きしたものを整理し、分類して記憶の引き出しに入れられず、入れても出すのに時間がかかっていました。ただ、それだけです。

2か月ほどたってから、

「ある日突然しゃべりだして、今ではわずらわしいほどおしゃべりになって！　聴覚に障害があるのか、どこか脳に異常があるのでは？　と疑っていたなんてウソみたい！」

と、電話で報告がありました。

そして、「大人のようにしっかり話すのよ」と、今度はすっかり自慢していました。

もう一例を挙げましょう。

その家族には2人の子どもがいて、お兄ちゃんはいまだに、「チャアチャン」「カチャン」「オンモ」「バァー」など、舌足らずの発音をしています。

その言葉にお母さんが、その都度返事をしています。

「チャアチャン」がお母さんのことで、「カチャン」は「お父さん」のことでした。

弟も同じような言葉づかいで、通訳が必要です。

そこで私は、

「お母さん、お子さんの言葉づかいや発音をマネてはダメよ」

「あなたは、きちんと言葉を発音して、お子さんのマネをしてはダメ」

と釘を刺しました。

お母さんは私の忠告に納得されて、さっそくその日から実行されました。

2か月ほどたって、そのお宅に招かれて子どもたちと遊びました。

ずいぶん大人びた言葉も言えるようになっていましたが、上の子はまだぎこちなく「サ、タ、ト」が耳ざわりでした。

でも、下の子は、はっきりと発音していました。

短時間で正しい発声ができた下の子は、兄の発音と大好きなお母さんの発音の違いを聞き分け、**躊躇《ちゅうちょ》せず、お母さんの言葉をマネ**たのです。

兄がいることで、下の子は早くから聞き分ける能力を育てられたのでしょう。

誰かと比較して、聞き分ける感覚を発達させた子どもは、単に音だけに能力を表すのではなく、**判断力も育ち、急速に脳を発達**させます。

2人とも身体の成育も早く、どちらがお兄ちゃんか弟かわからなくなるのも、すぐだなぁと思いました。

競博士のひと言

幼児語を覚え、それを言い換えて覚え直しているのは、脳をムダに使っています。正しい日本語の発音で言葉を覚えさせていきましょう。

手でも足でも、一度覚えた運動のやり方を変えることは難しい。言葉の言い換えは、それに比べるとやさしいですが、変なクセをつけてしまうと難しい。

赤ちゃんが言葉を聞くと、言葉を理解する**感覚性言語野**も、言葉を出す**運動性言語野**も働きます。言葉がわからなくても、言葉を出せなくても、**正しい言葉**を使いましょう。

4 環境に早く適応できるよう、嫌いな音でも慣れさせる
——音に怖いという感情を持たせない

産院から帰ると、赤ちゃんによっては、極端に音に敏感で落ちつかない場合があります。

産院の静かであまりに生活音がないところ（保育室）で隔離されている期間が長いと、どうしてもこの傾向があります。

私は長男（1957年生まれ）を大きな総合病院で産みましたが、当時は個室がなく8〜9人の大部屋で、私の横に長男は寝かされました。

泣き声もあちこちから夜中まで聞こえ、見舞客もにぎやかで大勢きました。

他人の話し声も様々です。

この環境から赤ちゃんは、持てる感覚器を通して脳に刺激を送っています。泣き声も楽しい笑い声も、赤ちゃんには音の刺激ですが、ずっと眠り続けます。

この世の音に徐々に慣れていくのです。


私の場合、生後1週間たって退院しました。

長男は救急車のサイレンにも動じないので、あえて自宅の掃除機を使って聴覚テストをしてみました。

小さな6畳間に機械音が響きます。スイッチを入れ、その音がしたかしないかわからない、まさにスイッチを入れたとたんに、長男は身を震わせ、大声で泣きました。

未知の音と振動が、場所を変えたばかりの不安定な気持ちに、強く響いたのでしょう。

そのときから、掃除機の音が怖いと思わないように、冷静に受け入れられる

“音楽を愛する人生”を
送ってほしい

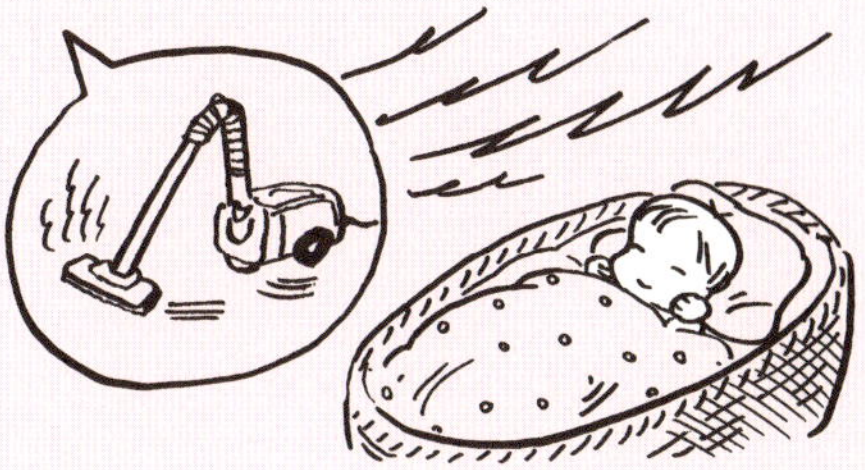

ような働きかけをしました。

生活音に怖がっていては、音を楽しめません。

毎日抱き上げ、見えるか見えないかくらいの目に掃除機を見せ、スイッチを入れて掃除をせずに音を聞かせ、徐々に慣らしました。

私は、**音の本質を知り、「音を楽しむ」の文字のとおり、音楽を愛する人生を送ってほしい**と日々願っていました。

それまでと違った環境の中で受ける刺激は、全部新しい体験です。

とてもグズッたときは、何度か経験させて慣らします。

根気よくやっていけば、徐々に怖さを感じず、慣れていくものです。

5

「見る、聞く、話す力」をテレビでどう育てるか

――テレビの真の目的は「目玉を動かす運動」

◉テレビを大いに活用せよ

今ではほとんどの人がパソコンを持ち、テレビがない家庭はほぼ皆無になりました。

個々の部屋にテレビがある今、テレビの影響を無視して子育てはできません。私は将来を見越して、**テレビを大いに活用**しました。とてもよかったと思います。

あまり早くから見せてはどうかしら？　何時間ぐらい見せていいのかしら？　目に悪いのでは？　と悪影響を心配される声を聞きますが、生後2～3か月もたつと、赤ちゃんはテレビの存在を知ります。

何度も聞くコマーシャルやテーマソングに反応しだします。

テレビをつけっぱなしにする家庭では、もっと早くからその音に触れます。

「この子、この歌大好きなの」と、まだしっかり首のすわらない赤ちゃんのお母さんは、私に自慢げに言ったことがありますが、そのくらい早いうちからテレビと接しています。

私はテレビが大好きなこともあり、息子たちも早くからテレビとつき合わされていました。

◉ココだけは注意しなさい

ただ、この文明の利器は諸刃の剣です。

幼児のうちに見る、聞く、話すことの手助けとして、意識してテレビを使うことが大事ですが、もちろん悪影響の可能性もあります。

子どもが本格的にテレビとつき合えるのは、支えなしで椅子にひとりですわれるころからです。

このころからテレビでもそうですが、お子さんをおすわりさせて、お母さんがすべき働きかけがたくさんあります。

たとえば、親子観賞。子ども向けの番組を一緒に見て、子どもが強い関心を示した場面を知り、**再放送のとき（録画してもよい）は必ず子どもひとりで見せてください。**

強い関心を示した場面はどこか？　そこをよく観察すると、子どもの集中の仕方を知ることができます。

そして時をズラして、その場面について親子で話しましょう。

何度も見せ、テレビから目を放すことが長くなったら、ほかのものを一緒に見てください。

マネっこをするのもいいでしょう。

動作をマネたり、歌を一緒に歌ったりするのは、同じものを何度も見聞きしないとできません。

子ども番組は、**1日2回以上放映しているものを必ず2回以上**見せ、マネが

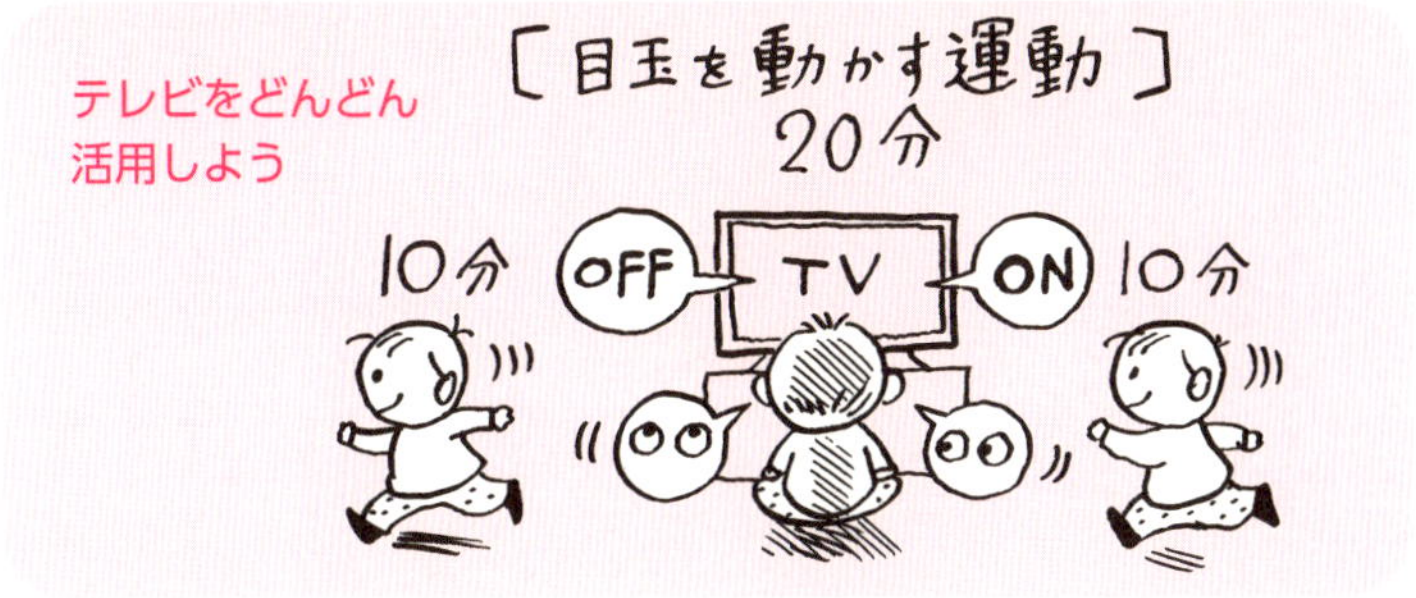

できるよう働きかけます。

首がすわったばかりの赤ちゃんでも、テレビに合わせて手足が動くようになります。

ジッとテレビを見つめてなくても、幼児の目は疲れます。

頭の中も整理できず、だんだんだらしなくなって、見るでもない、見ないでもない態度をとり始めます。

好きな番組を集中して見られる時間が20分なら、前後10分くらいの余裕を持ってテレビをつけ、子どもの好きな番組が終われば、テレビを消してください。

チャンネル権は、できるだけ長い間、子どもから離します。

テレビを集中して見た後は、窓の外を見て、表に出て遠くを見ながら語り合いましょう。

◉テレビを見せる真の目的

テレビを見せる目的に、**目玉を動かす運動**をさせることがあります。

月齢が小さいほど、パソコンやテレビをお母さんと一緒に見て、その共通の情報を持ち、話題にして記憶やイメージなどを新たにする、楽しい学習のひときがあるのも大切です。

ただし、大人向けの番組などが一家団らん中に長々と続き、雑談したり、中座したりする中に、子どもだけが切れ目なくテレビの前でダラダラと食事をするのは、子どもにとってよいことではありません。

子育てで一番難しいのは、大人には許されて、子どもには禁じられていることに対して、お子さんが不満を持たないように育てることです。

「イヤ」と言葉で表現できるようになったころから、子どもはゴネたり、甘えたり、泣き脅すなどの行動をとるものです。

誰に教わったのか、どうして知ったのか?

しかし、親はこの状態を力ずくで叱ります。

そうなると、親は神経質に、子どもは反抗的になります。

反抗できる子は積極性がまだあるのでいいのですが、親の声に敏感で、親に従うほうが多い子は、内向的で消極的になり、自分のしたいことや、言いたいことの表現能力が歪み、親にだけ気に入られればいいと、子ども心に悟りながら成長してしまいます。

その結果、自閉症ぎみで、登校拒否をしたりなど、脳の働きを歪めてしまう経験を重ねていってしまいます。

テレビなどの情報は、子どもにはまだ知らなくてもいいものが大半です。

このムダな情報もうまく将来に活かすには、どのように整理して、記憶の引き出しにしまっておけるかに関わってきます。

見る、聞くだけでなく、初めて感じたもの、好ましい体験、好ましくない体験も脳に入り込みます。そして、その後の経験で、記憶が強化されていきます。とり込むことは容易ですが、どんな記憶も必要に応じて表に出さなくてはなりません。特に幼児期は、大人がビックリするような記憶力を披露してくれます。

正しい日本語を
しっかり
教えてください

◉ 正しい日本語と発声ほど大事なものはない

あるテレビ番組で「お子さま自慢大会」をしていましたが、出演中の子どものひとりが、日本中の鉄道の駅名をスラスラと言いました。

驚くべき記憶量と速さで、その場のタレント審査員は唖然としました。

結果はその子が優勝しました。

「僕、何歳？」

「4チャイデチュ！」

「お名前は？」

「○○○○デチュ！」

駅名は念仏をとなえるように、次から次にとめどなく一気に言えたのに……。

インタビューに答える言葉を、頭が痛くなる思いで聞いたのを覚えています。

私はどんなに賢そうな受け答えができても、おませな行動ができても、言葉を舌足らずの甘えた声で言うと、この子の脳は歪んで発達していると、結論づけてしまいます。

「正しい日本語と発声に気づかって、早く直しなさい」と忠告してしまうのです。

競博士のひと言

子どもがテレビを見るのがよくないと主張する教育者、医師（おもに小児科）がいます。テレビを見たことで、子どもの積極性が少なくなるという心理学の報告はありますが、子どもの脳の働きがおかしくなったという、はっきりとした根拠を示した研究報告はありません。

感性を豊かにするために、テレビをうまく活用しましょう。

感性を豊かにするために役立たないと思ったテレビ番組は、見せないことです。

第5章

「触覚」がみるみるよくなる4つの方法

脳科学的に正しい道具を使ったトレーニング

「把握《はあく》反射」が最初の「育脳教育」

赤ちゃんは、この世で生きるために必要な感覚を備えて「オギャアーッ」と生まれてきます。

その感覚を通して、いろいろなことを覚え、生きていかなくてはならないのです。

胎児のときに、おなかの中で身につけたものを守って誕生してきます。

手足には「**把握反射**」と呼ばれる、お母さんにもすぐわかる重要な反射があります。

把握反射とは、原始反射の1つで、赤ちゃんの手や足に何かが触れると、それを握ろうとして指を曲げる動きのことです。

ここでは、「触覚」を磨くために、把握反射をうまく使って赤ちゃんの手を動かし、足を伸ばす動きかけを紹介します。

赤ちゃんは、いち早く自分の意志で自分の身体の動きを覚えます。

本書のとおりやれば、新米ママでも、すばらしい名トレーナーになれます。

そして、赤ちゃんもとても幸せです。

健康に生まれた赤ちゃんは、両手を胸元に寄せ、手をしっかり握っています。膝を少し曲げ、指も曲げています。

よく寝て身体が暖かいと、手足はダラーンと伸びていますが、泣いたり、オムツ替えのときなどに急に強く身体を触られたりすると、手や足の指は握りしめたグーの形になります。

これは、赤ちゃんが生まれながらに持っている、把握反射が強く残っているからです。

この手の平の中に、硬い棒状のものを持たせようとして指を開こうとしてもなかなか広げてくれません。

また、一度棒状のものを握ったら、その棒をいくら引っ張っても、ぐっと握りしめて離そうとはしないのです。

これは、赤ちゃんが先天的に身につけているものです。

このような状態の赤ちゃんは非常に健康で、生命力にあふれています。
この反応を利用した働きかけをすると、非常に効果が上がります。

ところがこの把握反射を示さず、手はふわーっと「パー」の形に広げ、危険を知らず、あまりにも無防備に感じられる赤ちゃんもいます。

どちらにせよ、まず、手がパーの形になっている赤ちゃんには、**丁寧かつ熱心に手を握らせる働きかけをして、把握反射を呼び戻してあげる**ことが先決です。

ものを握りしめた動きによって、赤ちゃんは自分の手を知り、自分の存在を知り、自分の身体を動かすことを知ります。

本能的な身体の動きを通して、自分の意志で手の中のものを動かし、高度な脳の発達につなげていくわけです。

この**「把握反射」を利用しての手足への働きかけが、お母さんによる初めてのわが子への「育脳教育」**となります。

具体的な働きかけの1つとしては、毎日何度となく行う、オムツ替えの時間を使ってする「**オムツ体操**」が挙げられます（↓詳細は『赤ちゃん教育――頭のいい子は歩くまでに決まる』参照）。

把握反射を利用した働きかけは、たくさんあります。

幼児期の感覚を磨くための糸口をつくるためのものですから、将来の発達の成果を信じて、うれしく、楽しく働きかけてください。

脳がみるみる賢くなる4つのトレーニング

①「どろんこグチャグチャ遊び」「ザァザァ砂遊び」「粘土遊び」
――身近な日常品で手先の感触を楽しませる

◉触覚をきたえる3つのお遊び

生まれた直後でも、赤ちゃんはすぐに口にものを入れます。なんでも口に入れる時期には、口に入っても心配のないものを代用して遊ばせてください。ここでは、3つのお遊びを紹介します。

1　小麦粉・パン粉・上新粉・ぬかなどを使った「**どろんこグチャグチャ遊び**」
2　米・あずき・大豆などを混ぜた「**ザァザァ砂遊び**」
3　小麦粉を練った「**粘土遊び**」

このお遊びが気に入り、手で遊べるようになったら、お母さんも仲間になって、こねた団子を足の指に挟んだり、足の裏に豆を置いてころがしたりして、足への働きかけをします。

まずは、お母さんが自分の足で遊びを見せてあげましょう。

これらは、早くからできる働きかけの1つとして紹介しましたが、お母さんの工夫でたくさんの遊びを考えて、一緒に遊ぶ時間を充実させてください。

きょうだいもなく、近所に子どももいない核家族の子は、お母さんだけが遊び相手です。

あえて**競争相手**にもなって、育児を楽しんでみてください。

子どもが気に入った感触遊びは、あきるまでおもいっきり遊ばせ、日を変えて何度も遊ばせてください。

自分から実際に形をつくり、応用して遊ぶには、4～5歳近くにならないと無理でしょう。

赤ちゃんはお母さんをよ～く見ていますので、見よう、見マネでどんどん覚えていきます。

手や指をよく動かせるようになれば、この代用品遊びは終わりです。

手先の感触を楽しんでいるだけなので、あきたらポイと捨ててもＯＫです。

ものには固い、やわらかいなどの感触があることさえわかればいいのです。

ここでは、日常生活で実際に使われているものを道具や材料として使っていますが、子どもの発達の度合によっては、まだ、ほかのおもちゃ遊びの中で、口で感触を確かめたりしている場合があります。

◉口を使わないように注意

指の感覚を鋭くするためには、口を使うことをやめるように注意してあげてください。

また、子どもの興味は、親の予想外のものに発展していて、ちょっと油断して目を離したすきに、とんでもないことをしているときがあります。

高価な化粧クリームをじゅうたんにぬりたくって、からっぽにするなどとい

うのはまだいいほうです。
この時期が、目の離せない〝**ママ受難のとき**〟です。
赤ちゃんに、理由を質問しても、わかるはずがありません。
これを防ぐには、子どもの身のまわりに何も置かない生活をしなければなりませんが、これでは毎日の生活で、親の行為を通じて子どもが学習できなくなります。

◉決して言葉で返さない

赤ちゃんを好き勝手にさせておく状況から、いつ卒業させるか？

ここで心がけるべきは、お母さんのすきをつかれて困ったことは、お母さんの「負け」として子どもを叱らずに、**あえて困った顔だけをして後始末**をしてください。

決して子どもに文句は言わないでください。

どうしても気がすまない場合は、子どもの前でお母さんが泣いてください。

子どもは、イヤなときや、嫌いなことをされたときに泣きますね。

ですから、お母さんも〝芝居心〟で泣き、「悲しい」「嫌い」を表現するだけにして、**決して言葉で返さない**ようにしてください。

そして、困ったことをしなかったら、子どもをほめて、しないことを教えるのです。

親の許可を得てする行為や、勝手にしてはいけないことのケジメをどこに置くのか、親がしっかり認識しておく必要があります。

どうやって教えるのか？

どれをどれだけ制限するのか？

どのくらい自由にしたいだけさせるのか？

それぞれの家ごとの教育方針を、しっかり立てる時期でもあるのです。

競博士のひと言

「してよいこと」と、「してはいけないこと」の区別をはっきりさせて育てましょう。よいことをしたらほめる、いけないことをしなかったらほめることです。

どちらも脳の「前頭前野」の働きに関わります。

よいことをさせようと思い、赤ちゃんがそれに興味を持ち始めたら、お母さんが模範を示してマネさせます。

マネられたらほめて、またマネさせます。マネができるということは、脳の「運動前野」が働いている証拠です。

②「牛乳パック」と「色水遊び」で重さの感覚をきたえる
――「長さ」「重さ」の比較を「視覚」と「触覚」で判断

「**わー、大きな本**」

「**これは重いから持てないよ**」

などと、なにげなく子どもに、量や容量について語ってみてください。

どうして本によって大きさや重さが違うのか？　持てない重さはどのくらいなのか？　など、子どもはもっとはっきりと知りたいので、興味津々で答えるはずです。

「大きい・小さい」「長い・短い」は同じもので比較して、その差に対して使われる尺度です。

日常よく使われるもので比較してみて、体験的にこの数量で表せる量の概念をわからせます。

◉あやふやな概念を押しつけない

数学に弱いと自認するお母さん、お父さん！

なにげない言葉であやふやな概念を押しつけないように注意して、表現してください。

たとえば、洗濯物をたたむときに、大きなシャツの上に子どもの小さなシャツを置き、

「パパの大きいね、○○ちゃんのは小さいね」

「ママのは大きいね、○○ちゃんのはかわいいね」

だけでは困ります。靴なども、

「パパのは大きいね、持ってみても重いね。あなたのは小さいね、持ってみて。どっちが重い？」

などと、重さや大きさについて問いかけます。

お母さんの固定概念だけで、鉄は重い、綿は軽いと、条件の違うもので比較してはいけません。

はじめのうちは、**重さの比較は重さだけ、長さの比較は長さだけで行い、決して材質の違い、形態の違いは話題に入れない**でください。

シャツでも、丸首なら丸首の同じシャツで大きさを比べ、ボールペンなら同じもので比較します。決して普通のボールペンと毛筆ペンでは比べず、太さも比較に入れないことです。

背の高さも**単純に高さだけを比較**します。「太っていて、低い」はいりません。

それは、**子どもが与えられた条件内で判断する、素直な頭脳の持ち主**になってほしいからです。

この素直な頭脳の持ち主こそ、より複雑に脳が開発され、応用力、想像力もつき、**算数力や数学的なセンス**も養われてきます。

◉重さを感覚として養う

その次に、**重さを感覚**として受け止めさせましょう。

まだ開封されていない**牛乳パック**（５００ml）をそのまま持たせてください。

これは、やっとその重さに耐えられ、持ち運べるころから始めてください。

「**持てる？　しっかり持ってね**」と、１つだけを両手に載せて持たせたり、「**2つ持てるかな？　重いよ**」と、買い物のときなどを利用してお手伝いさせます。

これによって、子どもは重さを実感し、感覚にインプットされます。

次に、自分の持てる重さを知ることや、がんばって重いものに挑戦することを体感させせます。

「**コップにミルクをいっぱい入れたから、こぼさないで**」

「**重いから気をつけてね**」

「**もう少し残っているから、みんな飲んでしまって**」

「**からっぽだから、静かにそっと音を立てずに置いてね**」

と。まるでしつけをしているようですが、**重さを知るために必要な大切な語**

りかけです。

手の中の重さに応じて手を動かすことによって、子どもは同時に多くのことを学びます。

◉「色水遊び」の効果

変形のものや口の広いもの、細いものなど、いろいろな形のビンを用意して、「**色水遊び**」をさせるのもいいでしょう。

好きな色水を数種類つくり、自由に出し入れさせて遊ばせます。このとき、

「**そのビン、口が細いからゆっくり入れるのよ。あんまりこぼすと、色水がなくなるわよ**」

と口添えだけしてください。その後はひとり遊び！　自習時間です。

子どもには、変形のビンの中にあまり入らない、ビンが重いのにあまり入らないなど、漠然と重さや量、中身の概念ができてきます。

この遊びはこぼれてしまうと後始末が面倒なので、**お風呂で裸のままさせよ**

うと思ってはいけません。

後始末も、子どものできる範囲で必ずさせてください。あくまでもお母さんは後始末のお手伝いだけです。

私は、入浴中におもちゃで遊ぶことを禁じました。

後始末も
子どものできる
範囲内で！

競博士のひと言

ものの大小は、見るだけでわかりますが、ものの重さは自分で持って体験しないと、わかりません。

ここで注意すべきは、**「大小」と「重さ」を混同しない**ことです。

重さを感じる受容器は「圧受容器」で、体性感覚野の2野（↓27ページ図1）で重い、軽いがわかります。

子どもは自分で体験してものの重さを知り、徐々に「大小」と関連づけていきます。

重いか軽いかは、自分で持って振り回すとよくわかります。

大きくても軽いものや、小さくても重いものがあることを早く覚えてもらいましょう。

3

2度目の「幼児の指しゃぶり」をやめさせる方法
――1度目の「赤ちゃんの指しゃぶり」とは質が違う

◉〝赤ちゃんの指しゃぶり〟は大いにやらせよう

赤ちゃんは、子宮の中から指しゃぶりをしています。

これは驚きですね。決して、やわらかい臍帯《さいたい》（へその緒《お》）は吸わないのです。

赤ちゃんの世界は本当に不思議な世界です。

赤ちゃんは、少しでも固いものを口に入れると、すぐに吸いつく反射を身につけてこの世に生まれてきます。


赤ちゃんの指しゃぶりは大事な行為です。

これにより、口の感覚を通して、情報を入れていくのです。

赤ちゃんの感覚は口がすぐれていて、そのときに吸った指は、ほかの指より

すぐれた感覚に育っていきます。**ぜひとも大いにやらせてください**。
やがて、目的に向かってその手を伸ばしてものをつかむようになるころから、指しゃぶりは少なくなってきます。

◉“幼児の指しゃぶり”はNG

再び指しゃぶりが始まるときがきますが、それに早く気づいてください。

これは赤ちゃんのときの指しゃぶりと違い、れっきとした「**幼児の指しゃぶり**」です。

指だけではなく、タオルを口に入れたり、ぬいぐるみをかんだりします。

それは何も口の感触を求めるだけとは限りません。

枕やタオルケットを口に入れたり、決まった人形やおもちゃを抱きしめないと眠れないという現象も、**2〜3歳ごろに見られる2度目の「幼児の指しゃぶり」**から見られるようになります。

この時期は個人差があり、いつごろとははっきり言えません。

また、母乳で育った子は、このクセがつかないとも言えません。

指しゃぶりで
大きなタコができた

さびしいからとか、欲求不満だからとばかりも言えません。

個々人の動機と原因があるからです。

親が気づくのが遅いと、頑固なクセとなって、とり除くのに大変苦労します。

特に、子どものほうがつらくなります。

このクセを続けてしまうと、後に肉体的、精神的にいろいろな弊害を起こすので、早くとり除いてあげたいものです。

強く頻繁に指しゃぶりをして、指が変形していたり、大きなタコ（固い皮ふ）ができていたりすると、荒療治も必要になってきます。


おしゃま（幼いのにませている）な4歳のK子ちゃんがいました。

K子ちゃんの親指の第一関節の上には、大きな固まりダコがありました。

ある日、K子ちゃんは砂場で遊んでいて、お兄ちゃんに追い出されたときに、手を洗いにいきました。

そのとき、K子ちゃんは親指を濡らし、乾燥した指のタコに湿りを加え、指を口にくわえてしゃぶり、やがて強く吸い出しました。

親指は大人が吸うタバコのように、ストレス解消に使われてしまったのです。

キレイ好きなお母さんのしつけはさすがだと思いましたが、賢い知的な両親に育てられ、親が交わしている高度な会話についていけなかったのでしょう。

K子ちゃんの家には、テレビもありませんでした。

K子ちゃんの指しゃぶりは、退屈なくらしの中でやっと自分で見つけ出した、**落ちつく行為**だったのです。

さて、お母さんに忠告すると、どんな結果になるか？

私は風変わりな近所のおばあちゃんですが、よく一緒に遊んであげるので、子どもたちには人気者でした。

K子ちゃんも打ち解けてくれましたので、K子ちゃんと1対1で話をしました。

指のタコをさすってつまみ、

「こんな指だと大きくなって、キレイな指輪がはめられないよ」

と言うと、

「この指には、指輪、はめないもん！」

と小生意気な答えが返ってきました。

「あなたが大きくなったときには、指輪はどの指にもはめられるし、男の子だってはめるようになるのよ」

と話すと、K子ちゃんは納得しない表情のままその日は別れました。

●親指にはまった「ビーズの指輪」

そこで、私は**ビーズで指輪**をつくりました。

幼児の親指にはまるサイズに仕上げた、色とりどりの晴れやかで楽しい指輪です。

私は、小指に数個の指輪をはめて遊び場の群れに行き、いつものように同伴のお母さんと話をしていました。

私の小指の指輪に最初に気づいたのは、やはり女の子たちで、すぐに寄ってきました。

「わあー、キレイ」

「かわいいでしょ、あなたはどれが好き?」

と指輪を手の平に広げて見せました。

2〜3歳の幼児たちは、自分の指にはめましたが、サイズが合いません。

でも、親指にはかろうじて止まります。

「親指につけてみて。わー、ピッタリね。ほしい? あげるわよ」

そう言いながら、親指と人指し指にはまった子にはあげました。


でも、K子ちゃんの指には、はまりません。すごくほしそうです。

「ここのタコがもう少し小さいと入るのにね」

自分だけはまらないので、半泣きでくやしそうです。

みんなは親指の根もとをキラキラさせながら、飛び回っています。

K子ちゃんには、

「いいね、大きくなれば薬指にはまるようになるよ」

「明日、指にはまるような指輪、つくってきてあげるからね」

と話して、その日は別れました。

その後、お母さんに電話で、

「指のタコが気になるので……」

と指しゃぶりをやめる1つのきっかけとして、ビーズの指輪をつけたらどうかと話し、K子ちゃんをよく観察してほしいと頼みました。

◉ 忘れられないK子ちゃんの笑顔

次の日、今度はK子ちゃんのために、**ブカブカの大きな指輪**をいくつかつくりました。

すぐに抜けてしまう、タコのところだけ太い、変形指輪です。

「指に合わせてつくってあげようか？」

と私が言ったときのK子ちゃんの顔が忘れられません。

K子ちゃんにこんな表情ができるのかと思えるほど、**パッと明るく**なっていました。

そこで、好きな色を選ばせ、小さなビーズをつなげていき、親指の根もとに合わせてくくりました。

イヤがっても、
その指を大げさに
扱うこと

きつくはないのですが、抜けません。幸せそうなK子ちゃんは、うれしそうに笑顔をたたえていました。

次の朝、お母さんから電話がありました。

「あの指輪、抜いてしまったんです」

「ちぎれてしまったの？」

「いいえ、でも指が真っ赤で少し切れたみたい。痛がっています」

「そう、消毒液、あるかしら。それをたっぷりつけて消毒してあげて。決してばんそうこうなどでいきなり覆わないでね。イヤがっても、その指を大げさに扱うこと。手洗い後は必ず消毒して、心配そうに様子を見ていて。関節は少し硬くなっているので曲がりにくいから、直角に曲げるマッサージをして。K子ちゃんにもさせ、こうすると早く治ると暗示をかけてあげて」

などと教えました。


それから、K子ちゃんは2～3日間、外に出てきませんでした。

子ども心に消毒液のついた茶色い親指はカッコ悪いし、しゃぶれば苦いのです。

その後の母子の苦闘は、「うちの妻のほうが、ノイローゼぎみ」と言ったご主人の後日談で想像ができました。

それから十数年後、K子ちゃんは一流大学に入りました。

そのころには、まぶたにまでピアスをつけ、大きな指を覆う親指リングをつけるようになっていました。

◉「指しゃぶり除き」でお母さんに自信がつく

2度目の「幼児の指しゃぶり」のクセを直すには、親子ともども、クタクタにならなければなりません。

親の注意と声がけを絶え間なく続けるには、**家族の協力**が必要です。

最初の3日間は、徹夜覚悟でお子さんの指しゃぶりを禁じてください。

こうすると、親のほうが悲鳴をあげます。

それに打ち勝ったとき、子どもがひと回り大きく見えます。

同時に、お母さんも開眼します。

私が関わった**「指しゃぶり除き」の行事**が成功すると、どのお母さんも自信がついてきます。

子育ての道中はとても長い。きっとこの自信こそが、どんな問題も難なくこなせるようにしてくれるのでしょうね。

競博士のひと言

「赤ちゃんの指しゃぶり」は、ものの性質を口《くち》の感覚で調べて覚えていく行為なので、大いにさせましょう。

「幼児の指しゃぶり」は、ストレスを解消したり、自分自身に興味を持つことが原因で起こりますが、快感を覚える（中脳皮質辺縁系が働く）と、クセになってきます。

すると、徐々にほかのことへの興味がなくなっていき、自己中心的な子になりがちで、結果として前頭前野の発達が遅れることになります。

「幼児の指しゃぶり」については、**指しゃぶりをやめてほかのことをしたら、しっかりほめ、徐々に指しゃぶりの機会を少なくさせる**ことです。

4

スプーン、鉛筆、箸の正しい使い方

――どう興味を持たせ、やらせるか

お母さんの道具の使い方が、そのまま子どもの手本になります。

道具の使用目的はそれぞれ異なりますが、**小さい赤ちゃんの手のサイズに合ったものを選ぶことが大事**ということを忘れないでください。

2~3歳ごろまでに接する道具は、できる限り子どもに合ったものを用意してあげましょう。

道具の使い方をマスターしてその喜びが早ければ早いほど、子どもに自信がつき、積極的に行動する気力が養われます。

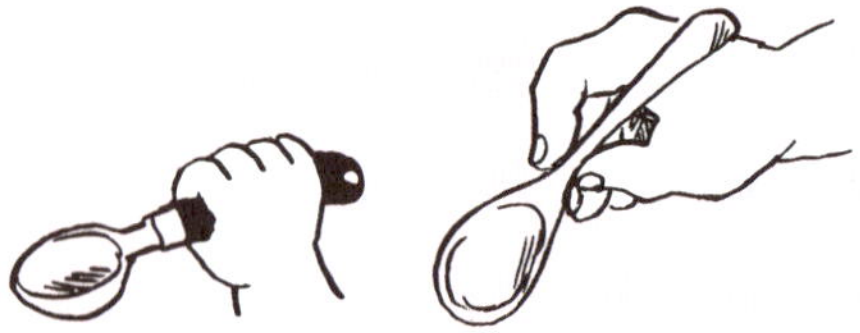

①スプーンの持ち方とサイズ

スプーンは**金属製**のものを使いましょう。

特に、2歳くらいの幼児期までは、プラスチック製はできるだけ家庭では使わずにすませたいものです。次の2種類をそろえましょう。

A　柄が長くて細いスプーンです。これは「**ペンシルハンド**」（↓上記イラスト）で使います。

B　柄が太いもので、指の巻きつきが少ない、スプーンの頭が大きいサイズ。これは「**グリップハンド**」で使います。

Aのスプーンでは、唇で温度を感知し、冷たいものや熱いものを少しずつすくい、ゆっくり正確に口の中に入れ、味わうことを教えます。

離乳食を少しずつ食べさせるときにも、このスプーンを使い、ペンシルハンドの使い方を赤ちゃんに見せてあげてください。

ペンシルハンドで使うスプーンは、柄に適当なカーブのあるもののほうがすくった食べものがこぼれにくいでしょう。

いつも**スプーンの頭を水平に保つ**ようにします。あせらずに、子どもに声をかけながら食べものを軽くすくいあげて練習してみてください。

手首の力がないとしっかり持てずにグラグラしますので、ときにはスプーンの先を支えてあげましょう。

口に運ぶときは、ひじと肩の動きが主になるので、手の筋肉がそれまでのおもちゃ遊びできたえられていれば、ペンシルハンドの微妙な動きをすぐ覚えます。

力がないうちは、**おもちゃ遊びで筋肉をきたえることが早道**です。

一方、Bのグリップハンドは、いかにも安定して見えますが、これは把握反射（↓238ページ）で握りしめる動きを覚えているからやりやすいだけです。

スプーンを持つ動作はこれから覚えるので、まずはお母さんがBのスプーンで持ち方を見せてあげてください。

グリップハンドは、力のない子でもしっかり持てますが、口に運ぶまでに手首の回転でこぼしたり、ひじを大きく動かしてひじが張り、体が曲がって姿勢が崩れたりします。

手首の外転、内転の力がついてきたら、ほかの手の動きと連携させないと、こぼすなど、ムダな動きが多くなります。

ただし、大きなスプーンを使うには、グリップハンドはすぐに使いこなせますが、ペンシルハンドはうまくできるとは限りません。

②鉛筆に興味を持たせる方法

子どもが鉛筆に興味を持つのは、子どもが鉛筆を持って作業しているのをお母さんがよく見ているときです。

特に、絵や図を描く姿を見ている場合は、早くから興味を持ちだします。

また、お兄ちゃんやお姉ちゃんが絵を描くのが好きで、楽しそうに描いているのをそばで見ている場合は、自分もすぐに描けると思い、興味を示します。

できれば、子どもたち全員に、最初から満足する「**線**」を描かせたいもので

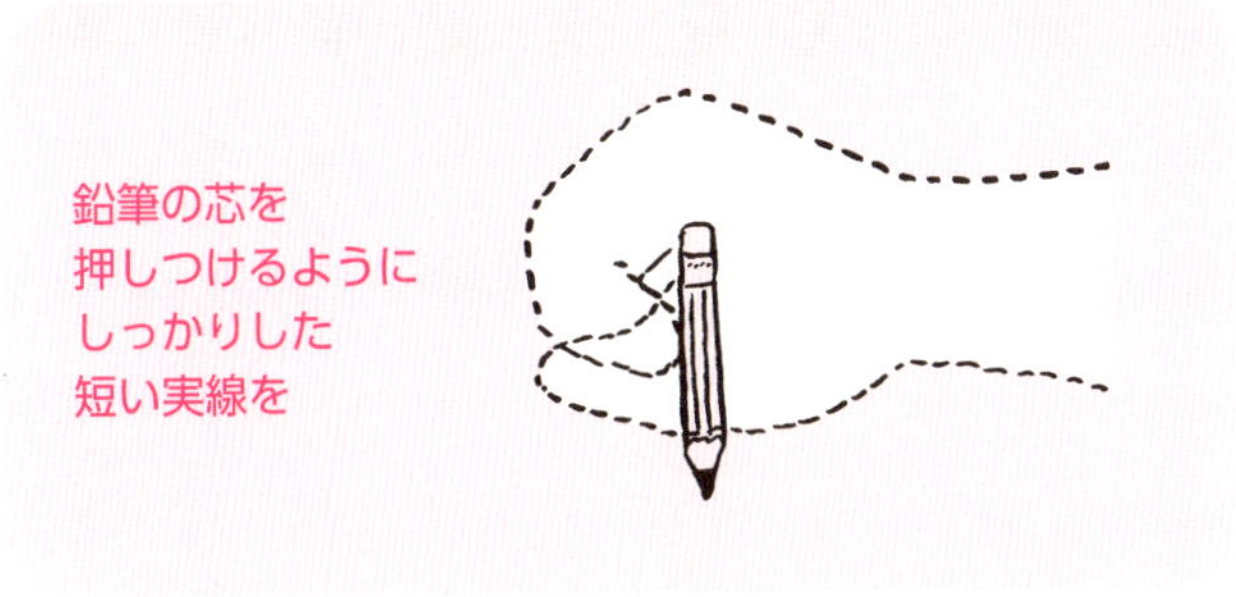

す。

子どもたちが満足する線や点は、しっかりした実線であり、とても力強い線です。

最初の子ども（長子）には、お母さんが長子の前で、楽しそうに絵や図などを描いて、興味を引き出してみてください。

おませな年下の子が、お兄ちゃんやお姉ちゃんの手中から奪おうとして落ちた鉛筆を持ち始めたら、いよいよトレーニング開始です。

トレーニングをする際に、こんな鉛筆を用意します。

消しゴムつきの鉛筆で、子どもの手に合わせて長さを決め、削って芯を出します。

それから鉛筆を持たせた手の上からお母さんも同じように、**かぶさるように支えて持ち、鉛筆の芯を押しつけるようにしながら、しっかりした短い実線**を描きます。

次は子どもだけに、「描いてごらんなさい」と描かせます。

鉛筆が歪んだり、手から抜けたりする場合は、手を添えて教えてあげます。**少しでも描けたら、大げさに喜んであげてください**。

「もっと」とせがみ、だんだん長く線が引けるようになったら、鉛筆を長くしてあげましょう。

手の平から鉛筆の頭を離して、**指先の力をコントロールすることを覚える自習時間**が必要です。

ペンシルハンドでスプーンが持てるようになっていたら、短い鉛筆はすぐに卒業できます。

徐々に、2分の1くらいの長さの鉛筆に替えていきますが、短いのも置いておきましょう。子どもは、ときどき短いのを持って反復自習をします。

鉛筆に興味を持ち、何かを描こうとした子の脳の発達はすごいのです。

働きかけの方法をお母さんも工夫しなければ、子どもに置いていかれてしまいますよ。

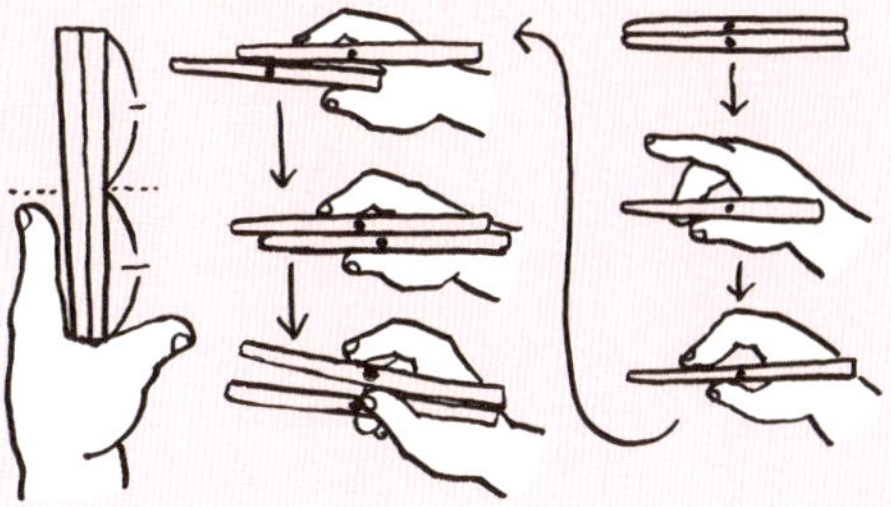

③箸を持たせた「人差し指&中指」トレーニング

太く丸くて長い菜箸《さいばし》を台所に置いて、使うところをときどき赤ちゃんに見せておきましょう。

お母さんが使えないと、マネっこ好きな赤ちゃんがマスターするのに時間がかかります。

お母さんがきちんと箸を使えない場合は、上のイラストを参考に使い方の練習をして、正しい持ち方をマスターしておいてください。

箸の持ち方には、微妙な技が必要です。

毎日使う箸の使い方によって、巧みな手を育てられるのです。

長い菜箸は、人差し指と中指を伸ばして「挟み持ち」してください。

これは、鉛筆の持ち方に似ています。

箸の先から3分の1くらいのところを持ってください。

箸先を上げると、親指のつけ根に箸が止まるくらいの位置にして持ちます。

親指はあまり力を入れずに、先を動かしましょう。

上下、左右、内転、外転、回転と、まるで指揮者のように音楽のリズムに合わせて振って遊び、子どもの手をなめらかに動かせる筋肉をきたえます。

太くて丸い菜箸によって、挟む指の力をどのくらい入れるのかという感覚を、長い箸によって、指と手首の動き方をどのようにするのかという感覚がマスターできます。

言葉では教えにくい感覚をよりわかりやすいものとして菜箸を選びましたが、箸を持たせる前にいろいろなもので工夫してみてください。

きっと、よりよいものがほかにもあるはずです。

競博士のひと言

スプーン、鉛筆、箸などの道具は、親が正しい使い方を見せて、子ども自身に使ってみたいと思わせてから教えます。言葉だけで説明しても使えるようにはなりません。まず、徹底的にやり方をマネさせます。くり返しマネさせ、上手にできるようになって初めてひとりでさせます。

運動は、まず見て覚えるもので、運動の記憶は運動野、運動前野など、運動に関連した脳で保存されます。

マネが上手にできると、前頭前野も発達します。厳しい言い方をすれば、箸やスプーンの使い方が下手な責任は親にあります。親が下手な使い方を見せてはいけません。

第6章

「味覚」がみるみるアップする7つの方法

「食べる力」をきたえるトレーニング

「吸《きゅう》てつ反射」で、赤ちゃんの脳の発達を促す

赤ちゃんは、生まれてすぐにお母さんのお乳を飲めます。

それは、胎児のときに、おなかの中で身につけた吸う反射＝**吸てつ反射**（吸引反射とも言う）があるからです。

胎児が指を吸う超音波撮影の映像を、見られたことがありますか？

胎児は羊水を飲み、自分の体内をフィルターにして、羊水を浄化しています。

つまり胎児は、口を使って液体を吸い込み、わずかな水にして排泄することを学習しているのです。

そのときに、間違ってへその緒に吸いつかないよう、指しゃぶりでやわらかいものを口に入れないようにしています。

お母さんの乳首の先を少し硬くして、赤ちゃんに授乳させるのも、この吸てつ反射を学習して生まれてくるからです。

この反射のしくみを知れば、うまくお母さんのお乳を飲んでくれます。

吸うことは、単に食べることや飲み込むことだけに関わるのではなく、**吸い込む＝呼吸**にも大きく関わっています。

ここでは、味覚をきたえるために、**吸てつ反射を利用して、赤ちゃんの脳の発達を促します**。

日常生活に必要な行動は、すべての感覚を同時に使い、くり返し行わせることで、身につけていきます。

特に、幼児期の「食べる」行為には、声をかけて誘導するなど、親側の気づかいが必要です。

食べ方のよし悪しや好き嫌いによる栄養の偏りがあると、身体だけではなく脳の発達にも影響を及ぼします。

成育時には、栄養豊かな食べ物を十分にとらせなくてはなりません。

それには、**摂食の仕方（離乳食）をきちんと教える**ことが大事です。

これは、大切なお母さんの仕事ですし、義務とも言えます。

楽しく食べさせるのにこしたことはありませんが、「いい子だったわね。ごほうびにお菓子をあげるね」と言ったり、「静かにしていて」とジュースやお菓子を与えたり、「これを食べたら、お菓子を食べてもいいわよ」という交換条件を出したりする人がいますが、犬や猫に芸を教え込むように、**食べ物で釣ってはいけません**。

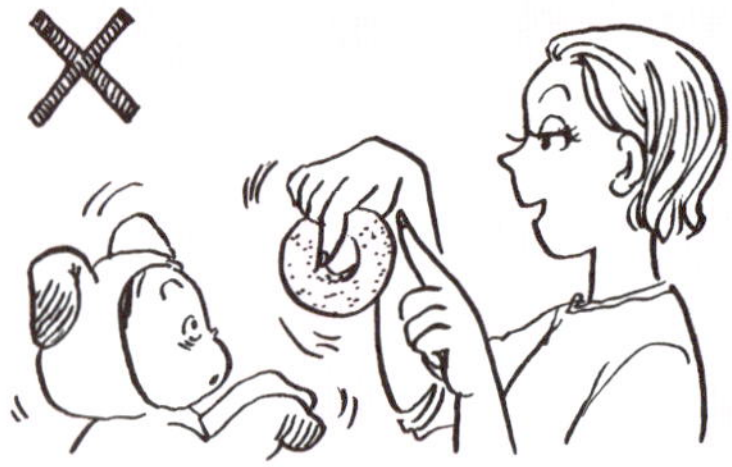

食べ物で釣るのはNG！

子どもの好き嫌いによる偏食や、アレルギーも増え、不足している栄養は、サプリメントで補っている人も多い現代。

食べ物に注意し、栄養に気をつかうだけでなく、**おいしそうに食べる、こぼさずに食べる**ことも、非常に大事なことです。

これは、初めてのものでも、お母さんの声がけに素直に応じて食べる「育脳教育」があってこそ、初めてできるようになるのです。

早期に「食べる技術」を習得させる意味

赤ちゃんは、吸てつ反射により、誰からも教わらないで生まれてすぐにお乳が飲めるので、ドロドロの離乳食もすぐに食べられると思っている人がいます。

離乳食を食べ始めるころは、やわらかい半流動食を唾液と混ぜ合わせて吸うように飲み込みますが、まだ口の中で食べ物をまとめて飲み込むことはできません。

お母さんは、子どもに、**食べ物は吸い込む以外の摂食方法がある**ことを教えてください。

吸うという行為は、生まれながらに備わった吸てつ反射によってできますが、嚥下《えんげ》（食べ物を飲み下すこと）は学習しないと身につきません。

おなかがすいたときは、目を白黒させながら飲み込みますが、かなりの危険をともないます。

食は生きるために大切なもの。**食べる技術を習得させる働きかけ**を早期から行ってください。

これからの時代を見越した「究極の子育て」とは？

母乳は、お母さんの食生活で微妙に味やにおいが違ってきますし、お母さんの健康状態によって成分が違ってきます。

大人では判別できないものを、赤ちゃんの〝白紙の脳〟は吸い込んでいきます。

これは感覚として受け取られますが、それをどのように発展させていくかは、育児の過程での親の働きかけで決まります。

赤ちゃんは、離乳食前に、すでに母親の好みのにおいや味を受け入れていきます。

親が偏った食べものばかり食べていると、赤ちゃんはそのにおいをインプットして、乳の味を組み込んで成長していきます。

ここで、私からお母さんへの提言です。

子どもの将来のために、「なんでも食べられる」ように育てなくてはならな

いと、心して育児に当たってほしいのです。

将来の食糧事情は、なんでも手に入る現在とは大きく変わります。**どんな環境になっても生き残れ、ゆとりを持って生きられるように育てることが、究極の子育て**だと私は信じています。

まして本物の味がなくなりつつある現代では、人工のものを除外しては生きていけません。

本物と人工のものとの差がわかれば、人工のものでもイメージを呼び起こして、食生活を豊かにできるはずです。

自分の置かれた環境をいち早く理解し、対処する能力を身につけることを重要視する子育てが、これからの時代を生きぬく子どもたちには強く求められると確信しています。

どんな環境でも
生きぬく子を

1 母性愛をはぐくむ母乳と離乳食のやり方

――生まれた直後の赤ちゃんは「吸う名人」

生まれた直後の赤ちゃんは、唇に触れるものに吸いつきます。

お乳を吸うことは、子宮の中ですでにできていますから、これを利用して、口、舌、唇などの感覚器がうまく動くように働きかけます。

◉母乳を与えるときの注意点

授乳前の消毒は、ほどほどにしましょう。

手を洗って、少し母乳を出して、乳頭にぬりつけます。

それから赤ちゃんの上唇の当たりに乳首を近づけ、飲むように促します。

哺乳ビンの場合も同じです。

そうすると、赤ちゃんの摂食に対する感覚は、フル回転してきます。

楽しい雰囲気で、ときどきお母さんも自分のお乳を味わってください。

「**今日のはちょっと薄口かな**」

「**素敵なものを食べたのよ、中身が濃いぞ**」

など、自分の体調や食べたもので、**微妙な変化がわかるように**心がけましょう。

この〝テイスト比べ〟ですが、赤ちゃんにわかってもらうと、うれしいものです。

子育てをしながら、**母親としての感覚も開発**してみてください。

ちなみに、哺乳ビンで授乳すると、乳と一緒に空気まで胃袋に吸い込むので、後で「げっぷ」を出させます。

乳房での授乳なら、乳房で口をふさぎ、ほとんど空気が入らないため、「げっぷ」をさせる必要はありません。

満腹して眠りだした赤ちゃんをわざわざ肩に置き、さすったりたたいたりすると、不快な刺激にせっかくのお乳を吐いてしまいます。すると、お母さんは驚いて「キャー」と叫んで眠気も失せ、怒りだしてしまいます。

すると赤ちゃんも、「吐いたお乳を返して」と言わんばかりに泣きだします。

こんな光景を見ると、「誰に、教わったの？」「あなた、粉ミルク育ちね」と言いたくなります。

「○○ミルクを飲むと頭がよくなる」「母乳を飲ますと乳房の形が悪くなる」と言われ、１９６０年ごろから、多くのお母さんは〝ミルクナーシング〟（粉ミルク中心）に走り、母乳育ちは徐々に少なくなりました。

残念なことに、このころからアメリカ化が一気に進み、**母から娘へ日本的伝統育児法が受け継がれなくなりました**。

◉「ストロー飲み」は水分補給以外の重要な役目が！

お乳だけでは水分が足りませんから、水分補給に「ストロー飲み」をさせてください。

RRRR
「ストロー飲み」は
呼吸法や発声、発音
に役立つ

赤ちゃんは、吸う名人ですが、**吸てつ反射は生後1〜2か月で反射としては弱くなり、徐々になくなっていきます。**

まだ吸てつ反射が残っている時期では、この働きかけは成功します。

「ストロー飲み」は、単に摂食のためだけでなく、口をうまく動かすのに大切な動作です。

さらに、**呼吸法や発声、発音の仕方**にも結びついていきます。**毎日の単純でいながら忙しい子育てのくり返しには、すばらしい感覚の持ち主になる秘密の種**があるのです。

この中にこそ、**子育ての醍醐味**があります。

◉離乳食のはじめは、箸で味見をさせる

私たちは日本人ですから、お箸の洗礼は早くていいのです。

赤ちゃんはまわりの人の行動をよく見ています。でも、そのとおりできません。

離乳食のはじめは箸で味見を

赤ちゃんの手本はお母さんですから、信頼して、全部受け止めます。

お子さんがジッと見つめて理解するまでに、お母さんは正しい箸の使い方を練習してください。

そして、食卓にある味噌汁をちょっとだけ箸先につけて、赤ちゃんに味わわせてみてください。

「おや、これはいける！」そんな顔つきをしたら、もう少し多くあげてみましょう。

汁の量を箸の持ち方で調整します。できなかったら何度も練習しましょう。

また、親の口もとを見て、赤ちゃんが口を動かし、ほしそうな表情が見えたら、お乳以外のものを与え始めてください。

いよいよ離乳食の始まりです。

ただ、**量と質には気づかいが必要**です。

昔は母親が自分の口でかみくだき、それを赤ちゃんに直接食べさせて普通食に変えていきました。

私は孫が生まれたとき、お嫁さんに「かみかみしてやりなさい」と教えました。

お母さんは、わが子と10か月も一心同体だったのです。

今まで生きてきたすばらしい抗体もあるので、歯がはえていないうちは、虫歯菌や歯周病の細菌などそれほど心配しないでいいのです。

※この項目については個人差がありますので、歯科医師、アレルギー専門医とよくご相談ください。また、お母さんの口腔内をしっかり清潔にしてやることと、口移し後は、赤ちゃんの口腔も必ず清潔にしてください。

競博士のひと言

赤ちゃんは、生まれつき持っている吸てつ反射をもとに、吸う行動を日々学習していきます。

お母さんは、母乳を吸いやすくしてあげましょう。

母乳が「おいしい」とわかることが赤ちゃんにとっては「報酬」で、中脳皮質辺縁系が働き、吸うことがうまくできるようになっていきます。

はじめは乳房を口へ押しつけますが、徐々にできるようになると、赤ちゃんに「おっぱいですよ」と声をかけ、赤ちゃんに見せます。

　すると、赤ちゃんは、口を開け、吸う準備をします。

　母乳を飲んだ後は、気持ちよくさせて、ゆっくり休息させましょう。

②「アウン・アウン・ゴックン・アーン」がなぜ大切か？
——離乳食の初期から教える「かむ動作」

　保母さんを対象とする集まりで、食生活について講演をしたところ、大きな反響がありました。

　このとき私は、

「**赤ちゃんは、もともとお乳を飲むことを、お母さんのおなかの中にいるときに学習しています。しかし、かんで、くだいて、飲み込む、という嚥下の仕方は、お母さんが教える大事なことの１つなのですよ**」

と話したのです。

子どもには、丁寧に「**アウン・アウン**」とかむ動作を見せて、「**よくかめたね、ゴックンと飲んでみて**」と言って、飲み込む動作も見せます。

何度も声をかけ、「**アーンしてみて**」と口の中を見て、「**まだ残っていますよ。もう一度、ゴックンして……**、**今度はキレイに食べたね**」と、口の中に食べ残りがないか確かめてから、次に進みます。

時間がかかっても、この動作を離乳食の初期から教えてください。

どろどろの流動食を口の中に押し込み、吸い込む食べ方は、時間をかけずに量もたくさん入ります。

しかし、お母さんがいつも押し込み型で食べさせると、赤ちゃんは口いっぱいに放り込まれたものを奥からゴックンと飲み、あげくのはてにはいらなくなったら吐きだしたり、口の脇からあふれだしたりして汚い食べ方になり、「ちゃんと食べられないの、もうやめなさい」と食事が中断してしまいます。

講演会場で、「このようにして育った子どもを預かったら、保母さん泣かせだ」と話すと、とたんに場内がざわめき、

「アウン・アウン・ゴックン・アーン」

「そんなお子さんが多くて困っています。どうしたらいいのでしょうか?」

と、多くの同調者がいて、ビックリしました。

それまで私は、「**アウン・アウン・ゴックン**」と提唱してきたのですが、それでは不十分だったのです。

「**アウン・アウン・ゴックン・アーン**」と口の中に食べ物の残りがないか、確認をしないと完璧でないことがわかりました。

ちなみに、テレビで体格のいいタレントがどんぶり飯をかき込み、「うーん、うまい」と満足気な顔をしていますが、これを見て子どもたちはどう受け止めるのでしょうか?

「おいしいなら、もっとゆっくり食べたらいいのに」が孫の感想でした(笑)。

競博士のひと言

液体では、吸う(吸てつ)反射後に、飲み込む(嚥下)反射が、固体では吸う反射、かむ反射、飲み込む反射が続きます。

反射を起こすのは、口腔と喉頭の粘膜にある感覚器ですが、反射は連続して自動的に起こるものではありません。

赤ちゃんが続ける意志を持っていなければならないのです。

食べることに意欲を持って、熱心にするように育てましょう。

これは、前頭前野を使わないとできない行為です。

3 味覚と嗅覚が同時に発達する食事法
——離乳食の与え方1つで食べ方に大きな差が！

「卵です、半熟にしました。いいにおいだね、ママはこのぐらいの卵が一番好きです。ハイどうぞ、アーン」は、お母さんの独り言です。

赤ちゃんには理解できません。

しかし、このときに、卵の黄身をよく見せて、鼻の近くに近づけると、赤ちゃんの感覚に深く入り込んでいくのです。

離乳食を与えるころから、においや味についての声がけをし、同じ食べ物を続けて口に運ばないように努力してください。

1960年ごろは、給食の時間に、ミルク、パン、おかずと交互に食べることが奨励されていましたが、十数年もすると、スープ、主菜、パン、デザートとなり、給食は家庭食より豪華で、栄養満点になりました。

児童の栄養バランスは給食のおかげで保たれ、改善されているようです。それまで家庭の味は、一生おふくろの味でした。その味覚に覚え込んでいる味は、これからは稀少価値になるのでしょうか。

孫たちは、私の育てたトマトを「くさい」と言います。キャベツは葉の中からナメクジが出てきて、それっきり食べようとしません。私が畑でつくった菜っ葉類は、嫌われてしまいました。

そんな孫でさえ、たまに私がつくったニンジンを食べると、「味がいつものと違う」と言います。

また、息子は「久しぶりだなあ、ニンジンらしいニンジン」とパクパク食べてくれ、孫たちも、お嫁さんもまるで新しい味に出合ったかのように、その味わいに満足してくれます。

有機栽培で育った野菜の本来のうまみを知らない世代が、田園地帯の家庭にも登場し始めています。

土がついている野菜は、どろ落としも大変で、自然のままの形が変だと敬遠され、せっかく親の畑にできた野菜なのに、育ちすぎて花が咲き、市販の野菜を購入する。

キレイに洗われたニンジンも大根も皮をむかれ、まるで料亭の料理のように透き通っています。

ハウス栽培の野菜は、水洗いし、下ごしらえをしてザルに置いておくと、その日のうちに食べなければ、干からびるのが早く、鮮度がすぐに落ちてしまいます。

最近はニンジンもほうれん草も外国種と交配され、形はいいのに、味の薄いサラダ用のものが増えています。

食卓の楽しさは豊かな大人を育てる

ほうれん草の中で「次郎丸」という根の赤いものなどは、手がかかるわりに成長が遅いので、生産者も少なく、市場で目にすることはほとんどなくなりました。

有機野菜が健康のために購入されるようになったのは、ここ20年くらいでしょうか。もはや野菜のうまみの評価は違ってくるのではないかと、心配しています。

おふくろの味も、本物の味も、私たちの世代のものと、きっと違ってくるでしょう。

世界中から、チルドなどの調理品が大量に輸入され、子どもの食生活にも大きな影響を与えています。

どんなに忙しく、おふくろの味はなくなっても、**お母さんと一緒に楽しく食べる、お子さんに楽しく食べさせることは続けて**ください。

お子さんにとって、**食べる環境**はとても大切です。

離乳食をどのような声がけで与えるか、幼児のころの食習慣は、後々大きく

よくかみながら、できるだけ早く食べさせよう

影響します。

食卓の楽しさは、豊かな大人を育てる——これは確信を持って言い切れます。

同時に、**就学前に、よくかみながら、できるだけ早く食べる**ことも教えます。あえて時間を制限して、「早く食べてすぐに出かけなければ……」と、途中でやめさせても、早く食べることを教えてください。

時間内に食べきることは、集団生活の中では大変なことなのです。**「パァク、パァク、ゴックン」**で、**「ごはんは早く食べてちょうだい。ママ忙しいの」**とお願いして協力させます。

小学校へ通うころまでに、**ゆっくりと楽しんで食べること、黙々と懸命に食べること**を同時に教えておきましょう。

「ゆっくり食べる」と「早く食べる」、これらは摂食タイプで違いますが、早食いは大食になり、太る傾向にあります。

ただし、のんびりと時間をかけるのは、食べることより食事中にほかの要素が入り込むことが多くなります。

たとえば、テレビを見ながらの食事は口を動かし、飲み込みづらくなります。また、ダラダラと少しずつ食べる幼児は、便秘がちになります。

赤ちゃんの押し出し式の排便から自分で腹筋を使って排便できるようになるころ、**摂食と同時に排便もうまくする**ようにしつけます。

狭い家屋の1つしかトイレがなかった私の子育て期間は、息子たちの排便時間を夕食前後にしました。

この**時間差をつけた排便方式で、排便時間のコントロール**を身につけさせたのです。

競博士のひと言

食事は楽しく食べることが第一です。食べたものが報酬で、中脳皮質辺縁系が働いて気持ちよくなり、前頭前野と海馬が働き、頭をよくしてくれます。会話をしながら食べると、このサイクルはさらによく働きます。

4

好き嫌いと偏食がなくなる方法
――嫌いなものでも食べさせるには

誰にでも、食べ物の好き嫌いはあります。

それは仕方がないことですが、嫌いなものがずっと食べられないのは困ります。

嫌いなものができたきっかけがわかれば、それを食べられるようにする対策は見つかります。

しかし、いつのまにかついてしまった好き嫌いをなくすのは、容易ではありません。

お母さんは、「**赤ちゃんのときはよく食べたのよ。ひと口でいいから食べて**」と上手に言って、嫌いなものを食べさせる努力をしてください。

そして、「嫌い」ではなく、**「あまり好きでない食べ物」**としてあえて扱い、調理法や食べる回数を工夫します。

幼児期までの好き嫌いは、調理者であるお母さんの好みに大きく影響されます。

私は、**「妊婦時から1日に食材を15種類以上使って調理するように」**とすすめています。

お母さんの健康は、調理に対する積極度に関わります。

まずは、子どもの偏食をなくさないといけません。

せっかく工夫してつくったこんだてでも、その中に親の嫌いなものがあれば、それをすかさず察知して、残すようになります。

すでに赤ちゃんは、親の言動からいろいろなことを察知する感覚を発達させています。だからこそ、好き嫌いができるのです。

これは、**赤ちゃんから幼児になってきた証**なのです。

わが子の脳の発達を健全に、いや、人よりすぐれてほしいと願うなら、食べ物をないがしろにしてはいけません。

胃腸の丈夫な子どもはラクです。食欲が旺盛なので、あまり好き嫌いもなく、偏食もなく育ちます。逆に胃腸が弱い、すぐ下痢気味になる、食が細い、と食べさせるのに苦労する子は、どうしても食べてくれたものだけを続けて食べさせがちになります。機嫌をとりながら食べさせるので、食べるのにも時間がかかります。そうすると給食嫌いになってそれがストレスとなり、胃腸が痛いと訴えるようになります。

このようなことを避けるためにも、お母さんは食環境に気を配ってあげましょう。

競博士のひと言

食事は楽しんで、おいしく食べましょう。
必要な栄養物をとるのに食べるのですが、肥満にならないように注意しましょう。

おいしい味にするのに大事な働きをしているのが「うまみ」を感じる「味覚受容器」です。

アミノ酸の1つであるグルタミン酸が味覚受容器につくと、味覚野（前頭眼窩回）で味覚を感じます。

この味覚受容器が人間で発見されたのが、2000年とわりと最近のことです。

うまみのある食物を味蕾《みらい》（↓次ページイラスト）のある舌の先に載せて、よく唾液と混ぜ、おいしいと思ったら、そこに自分の味蕾があるので、積極的に使うようにしてください。

5

5つの味覚は「舌の先」で感じる
——「甘い、辛い、苦い、酸っぱい、うまい」の豊かな味覚を

味覚は食べるときの大切な感覚で、舌の先で感じます。

お乳はとても甘いので、乳幼児は甘いものが好きです。

舌の先で甘味を感じるので、離乳食などは、甘いものに少し違った味わいのものを混ぜて、「**おいしいよ、大根、大根おろしよ**」などと子どもに話しかけ

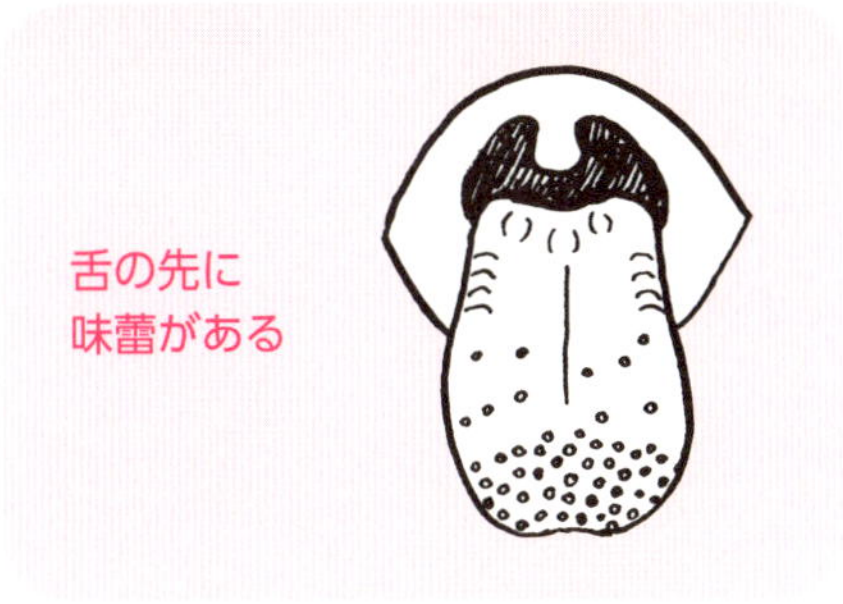

て舌先に置き、食べさせてみてください。

何も話しかけず、いきなり大根おろしを口の中へ入れてしまうと、舌の奥では味を感じないので、吐きだしてしまいます。

幼児の薬などは甘味を強くしてありますが、この舌にある味覚の働きを利用して飲ませます。

味覚は、舌の先にたくさんある味蕾で感じます。

味覚には、5つの味（**甘い、辛い、苦い、酸っぱい、うまい**）があります。

私は、「渋味」と「苦味」は違う、と感じています。

山菜や野草のアクも抜きすぎると、うまみがなくなってしまいます。

「のどごしがいい」「味が染みわたる」などの表現は、うまみ表現の1つでしょう。

板前さんが味を試すとき、軽く鼻先で、まずにおいに触れ、改めて口に含み、舌先にころがすように味わっているのをよく見ます。

舌先は味のチェック器官なのです。

事故で嗅覚を失った友人は、「一番イヤなことは、すべてのものに味気がなくなったことだ」とぼやいていました。

私は離乳食のころから、まず食べ物を鼻に近づけ、嗅がせてから、舌の先に載せ、「**おいしいよ**」と「**アウン・アウン・ゴックン**」をさせました。ちょっと戸惑うときは、「**これだけ食べて**」と舌の奥のほうに載せ、早くさせました。

好き嫌いなく食べられるよう、お子さんの育脳教育に役立ててください。

競博士のひと言

味がわかるのは、味覚細胞が溶けている化学物質に反応するからです。味覚細胞は味蕾にあり、舌の先端部分にあります。

基本的な味は、舌先の粘膜にもあります。基本的な味は5種類(甘い、辛い、苦い、酸っぱい、うまい)あります。

最近では、英語で(Umami)と呼ばれ、うまみも基本的な味であることがわかってきました。

味を感じる味覚野(前頭眼窩回)は、前頭前野の下外側(→27ページ図1の「11野」)

です。
味覚野で微妙な味がわかるのです。

6 楽しく3食食べて、脳を活性化しよう
――初めてのものに怖じけず、グロテスクなものにもひるまない子に

学校給食の試食会に出たときに、「小学生の給食は、子どもが好きなこんだてを選んで、量は高学年用です」と言われました。ひじきに大豆が入り、わが家のものよりかなり濃い味つけでしたが、おいしかったのです。

揚げシューマイやスープもなかなか美味でした。量もたっぷりあって、小食のお母さんは、満腹でミルクを飲むゆとりがないほどでした。

ところが、食べ終わった後、トレイの隅に置かれたふりかけを残していたの

は、私だけであることに気づきました。

ほかの人はごはんにふりかけをかけて、一気にごはんだけを食べていたのです。

おかずの味の余韻を残してごはんを食べる〝3点食い〟は、どうやら多国籍料理が入り込んだ外食産業のおかげで、主食と副食と分けて食べるものとして家庭に入り込んだようです。

「よくかめ、ごはんは甘くなるまでかめ！」と言われた私の時代は、食の貧しかった古い日本の生きるすべだったのでしょうか。

食糧のほとんどを輸入に頼る日本でも、お米のうまさはかめばわかるものです。

うまさというものは、よくかんで口の中で味わう習慣です。

食糧事情が悪くなってからではなく、飽食の今だからこそ、豊かな食生活を通じて、それぞれの素材の持つうまさを子どもに教えてあげたいものです。

また、かむという動作は、**下あごの発達も促し、歯並びも矯正**します。

「食」は絶対
おそろかに
しないで！

下あごの力は、発音にも影響してきます。

楽しく3食しっかり食べることは、脳の発達も促し、健全な肉体も維持します。

食をおろそかにしないで、育児をしてください。

初めて食べるものに怖じけず、形のグロテスクなものにひるまず、食そのものの味に興味を持つ大人になるよう育ててください。

そのためにはまず、**お母さん自身が自分の健康を気づかう食生活をして、栄養のある食品を選び、調理をひと工夫し、真剣に食べる**ことにとり組んでください。

好き嫌いはあっても、**なんでも食べて偏食をしない摂食習慣**をつけることが、子どもにとってどんなにすばらしいことか、**ずっと後でわかります。**

いくら食材が豊富にあっても、栄養が偏っていては、決して豊かな食事をしているとは言えないのです。

競博士のひと言

食事はよくかんで、味を感じながら、おいしく食べる。これに尽きます。

7

食わず嫌いをなくす方法
――離乳食でいろいろな味とにおいに慣らす

食べ物には、食材によってそれぞれ異なった味とにおいがあります。

これらを子どもがありのままに受け入れられる習慣をつけることが、「食わず嫌い」をなくします。

離乳食を与えるときは必ず声がけし、「**おいしいね、お母さんの食べさせてくれるものはおいしい**」とインプットし、いろいろな味やにおいを知ってもらいます。

1990年ごろに、テレビ番組の制作に関わったことがあります。

その中に「食で脳をきたえる」というテーマがあり、生後3か月〜6か月の赤ちゃんが集められましたが、赤ちゃんはまさに撮影者泣かせでした。なかなか思いどおりになりません。

後日、編集に入ったのですが、たくさんあるテープの中に**非常に興奮した画像**がありました。

生後3か月のA子ちゃんが何度も撮り直しをして、母子ともに疲れていましたが、まだ満腹ではありませんでした。

A子ちゃんは卵が口に近づいたとたん、拒否しました。

卵の黄身も、カボチャの〝クタクタ煮〟も、カメラマンから見ると同じ色に見えます。A子ちゃんはカボチャが大好きです。

味のない卵の黄身は口触りが悪いのか、2〜3口でイヤがったのですが、お母さんの声がけとすすめ上手に応えて食べてはくれました。

でも、続けて食べさせると、イヤがりました。

大好きなカボチャは、卵の黄身と同じ色、同じ形態でもにおいが違うのです。

お母さんの
食事のさせ方が
後々大きく
影響する

外観から判別できる月齢でもなく、食器の中を見せないように意図してプログラムを組んでいましたが、**近づくわずかなにおいで味を予測**していたのです。

ほかの赤ちゃんは、いつもどおり、お母さんに食べさせてもらいましたが、いらないといったん口に入れたものを吐きだしてしまいました。

このような子どもの態度には、**お母さんの食事のさせ方が大きく影響**しています。

とりあえず、食事は終わりましたが、お母さんたちは摂食方法さえも教えられていないのではないかと感じました。

食べさせる方法を誰から習ったのでしょうか。

子育ては母から娘、娘から孫へと、母系に引き継がれ、刷り込まれてきたはずです。

制作に関わった当初、お母さんたちに身体の発育と行動の発達について、どう教えるべきか悩みました。

それほど食べさせ方に差があったからです。

早期に味覚をきたえておくと一生モノの財産に

その中で、息子の同級生で、私の家の向かいに住んでいたA子ちゃんのお母さんには、A子ちゃんにモデルになってもらうため、生まれる前から指導しました。

A子ちゃんをお風呂に入れたり、離乳食の食べさせ方まで指示しましたが、お母さんは素直に、久保田カヨ子という無料ヘルパーの出現に喜んで協力してくれました。

その甲斐あって、A子ちゃんはいろいろな味とにおいにも慣れ、カボチャが大好きでも、お母さんの声がけで卵の黄身を吐きだすことなく食べたのです。

生後3か月のA子ちゃんと生後6か月の赤ちゃんとを比べると、外見の違いはほとんどありません。

しかし、それまでに刷り込まれた感覚は、ほかの赤ちゃんとは比べようがないほど、豊かにはぐくまれていたのです。

第7章

パソコン&ゲームで、「見る力、記憶力、判断力」がみるみる上がる3つの方法

便利で実用的なパソコンを育児教育に活用

〝0歳から赤ちゃんの脳に働きかける〟久保田式育児法では、テレビやステレオを大いに活用しました。

甥や姪には、これにビデオが加わり、視覚・聴覚刺激をとり入れ、育脳に成果を挙げました。

一方的に情報や音楽が流れてくるテレビに対し、パソコンは双方向に情報を送れる便利で実用的なツール。これを使いこなせるか否かで、大きくこれからの日常生活に影響してきます。

赤ちゃんの誕生前から家庭で両親がパソコンを使っているなら、大いに子育て、育児教育に活用しましょう。

パソコンでゲームふうにつくられた幼児用学習ソフトがありますが、使用時間を十分制限した使い方ならば、視覚のトレーニングにもなります。

3歳をすぎてくると、子どもの興味、好奇心が発達する時期に入ります。

中でも、**知的好奇心が目ざましく伸びてくる**ので、そのうち「なぜ」「なあに」を連発するようになります。

目からの情報は、脳の「後頭葉」という感覚野が働いて、視覚の感覚が生まれます。

赤ちゃんが、パソコンの画面にあるお母さんの顔を見た場合、視覚野は「顔」の線や色に分解して知覚されますが、視覚連合野でお母さんの顔であることを認識します。

何度も見ることで、お母さんの顔を記憶していくのです。

パソコンの幼児ソフトで
「視覚追跡トレーニング」

また、パソコン画面で動くものを見て、目で追いかける（視覚追跡）のは、前頭前野で目の動きを調節しているときにしています。

自分の意志で目を動かすのも、前頭前野の働きです。

「視覚追跡トレーニング」として、パソコンの幼児ソフトなどを利用するのは、子どもがおもしろがってできるよい方法です。

最近では、幼児教室や幼稚園などで、パソコンを使わせているところがあります。

マウスの使い方は簡単で、2歳半をすぎると、ダブルクリックもでき、3歳をすぎれば徐々に、上手に使いこなせます。

キーボードの部分に触れられないようにしておけば、無茶な使い方はしないでしょう。基礎的な感覚は、実際に体験させ、経験を積み重ねながら習得していきます。

感性として身につくのは、その後の教育、知識の蓄積です。

感覚を磨くのはお母さんの役目ですが、いろいろな知識は、より深く知る人から学びとるものです。

専門家の英知は、お母さんに勝るものがあります。

私たちが育った時代とは異なり、これからの知識の蓄積はコンピュータが中心となって、マンツーマンならぬ、「パソコン対人」とのやりとりから、常に一流の知識が得られる時代です。

今後の学校は、同世代の友達と身体を触れ合い、語り合える**コミュニケーシ**

ョンの場、遊びの場になっていくでしょう。

幼児期は一生のうちで、知能が最も伸びるときです。

子どもの興味・関心を引き出し、感性を豊かにするための大事な時期でもあります。

また、これからは、好むと好まざるとにかかわらず、パソコンやゲームなどの動く平面図と機械音にあふれる世界でくらさなくてはなりません。

創造力のつく幼児のころに、お母さんも一緒に楽しく遊びながら、パソコンに親しませるのも、育脳教育に役立つでしょう。

パソコンと上手につき合って、賢い子育てをしてください。

最後に、**見る力、記憶力、判断力がみるみる上がる3つのトレーニング**を紹介しましょう。

脳がみるみる賢くなる3つのトレーニング

1 眼筋強化トレーニング

赤ちゃんのときは視力が安定していません。

これからの目の酷使に耐えられるための必須課目である、**視覚の末端受容器の目玉が、よく動き、正しい像を結べる、左右同じ視力が持てるための働きかけ**をしてください。

動くものを見て、疲れない目にします。目をきたえるには、子どもに実物を見せるのが一番です。

たとえば、電車の窓から**電柱**を数えます。

遠くの景色はゆっくり動き、電柱は速く動くので、子どもには楽しい視覚刺激です。

徐々に視野、視界を広げ、遠近を見分けると、とても楽しく、**遊びながら目の強化**ができます。

顔を動かさず、上下、左右、どこまで目玉が動くか、子どもと相対して競い合います。

目玉を動かさず、左右、上下に見える範囲を広げる訓練をしたり、**お母さんが持っているものを当てたりする遊び**も、目の強化につながります。

パソコン画面やテレビなど、画像を見せる時間を前もって決め、**休憩時間に遠くを見せる、足踏みさせる（外で遊ぶ）ことを習慣づける**ことも大切です。

集中力が長くなる一方で、執着、固執することも強くなります。

幼児の「ゲームオタク化」は将来、害になります。

集中力は、身体を動かすことでつけさせます。

ディスプレーで見たものは、自然の世界で見たものとは違っていることを知らなければなりません。

自然とは違った、ひずんだものを見ているのですから、ディスプレーを見ているだけでは、育脳教育の代わりにはなりません。

幼児が同じ作業を長く続ける（1時間くらい）と、脳の発達が阻害されます。

疲れたり、姿勢が悪くなったりしたらやめて、別のことを一緒にしましょう。


姿勢を正し、やっと座位が安定したころから、子どもの姿勢が崩れ始めます。


このときは、すばやくお母さんは手を添えて直し、無言で静かに背筋をなでて、姿勢を直す手助けをします。

くれぐれも「背中が曲がった」と、言葉だけで注意しないでください。

言葉だけだと、子どもの集中力をそいでしまいます。

遊びにあきて、だらしなく姿勢が崩れるときは、子どもを抱き上げて、声をかけながら、身体を動かしてください。

静（身体をあまり動かさない）と動（身体を大きく動かす）をうまく組み合わせ、ストレスを解消するすべを身につけさせるよう、習慣づけてください。

3～4歳ごろに、個人競技を習わせるのもいいでしょう。**運動は姿勢を正し、静と動の組合せで上達**していきます。特に、**武道**がおすすめです。

車内など振動があるところでは、おもちゃや絵本を与えず、静かに遊んだり、話をしたりしましょう。

そして、**歌、お話、しりとり、早口遊び、目の訓練（車窓を見る）**を、楽しいものにしてください。

②

「辛抱」「我慢」「集中」トレーニング

パソコンが自発的に使えるようになると、年齢にかかわらず幼児の世界から前進します。

親はあらゆる行動の中で、制限させたり、続行させたりする努力をしてください。

お母さんが、お子さんより先にあきてはいけません。

「集中」と「中断」の切り替えを教えます。

熱中している遊びを中断すべきときは、**毅然とした態度**で臨みます。

子どもに妥協して押しきられるなら、その遊び自体をさせないことです。

シャキッと、即、今までの行動が止められるのは、高度な脳の働きになってきた証拠です。集中力の切り替えがうまいと、知識の習得も大変すばやくなります。

「辛抱」「我慢」について、最近になって脳科学の世界で画期的な報告がされました。詳しくは321ページの「特別コラム」で紹介します。

3 姿勢と型(フォーム)トレーニング

道具を使うには、その道具に則した「型(フォーム)」があります。

さらに、同じ動作を長続きさせるには、姿勢も関わってきます。

ゲーム機やパソコンに向かう際は、長くすわっていても姿勢が崩れにくい椅子を使い、ディスプレーの形状や置く位置などにもケアします。

成長期の子どもです。悪いクセも、よいクセもすぐついてしまいます。

よい「姿勢」が
見る力、記憶力、
判断力を高める

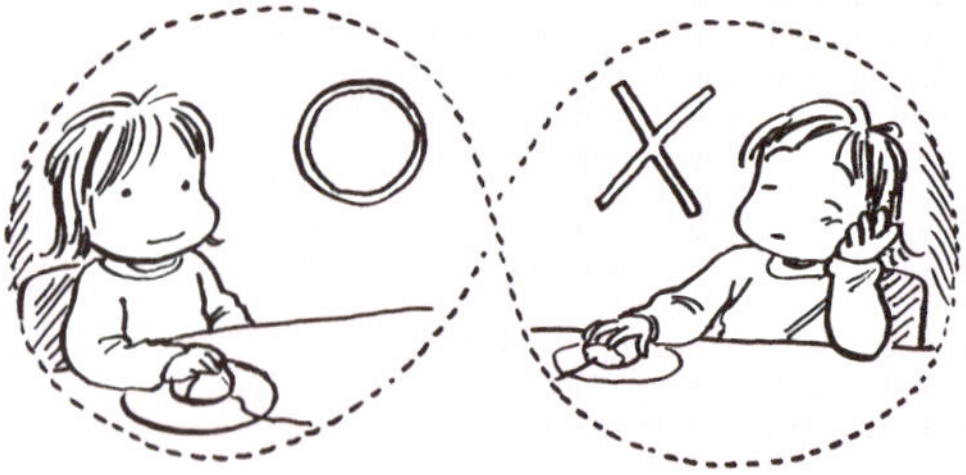

全身を動かしてつくクセは、訓練により修正できますが、すわった姿勢でついてしまうクセは修正しにくく、行動だけでなく、筋肉の発達、骨格の成長にまで影響してきます。

また、正しい姿勢でディスプレーを見ながらキーをたたくと、子どもは、視覚情報を正しく見て、判断できます。

そうすると、**見る力、記憶力、判断力**を高めることができるのです。

最新脳科学で〝ガマン回路〟がついに解明された！

子育てをしていると、「ガマンしなさい」と、つい怒鳴ってしまうことがあります。

ある行動や運動をするときには、（右と左の）前頭前野が働いて「ゴー行動」が起こり、行動・運動を積極的にしないときには、右の前頭前野が働いて「ノーゴー行動」が起こります。

どちらも脳の神経細胞が働いて反応を起こしていますが、前頭前野がよく働くようになると、「ゴー行動」と「ノーゴー行動」が自由にできるようになり、みるみる賢くなって個性ができてくるのです。

ただ、これまで、〝**ガマン回路**〟については解明されてこなかったので、私たちが育児書で解説したことは一度もありませんでした。

ところが、2014年に、「**訓練で〝ガマン回路網〟の活動が変わる**」（E・T・

バークマンら）というタイトルの論文が脳科学の最良の雑誌に発表され、過去15年ほど続いていた「変わる・変わらない論争」に終止符が打たれました。

とうとう、**「変わるメカニズム」が解明された**のです。

「ゴー行動」をさせて、「ストップ信号」をうまく与えると、脳の線条体、淡《たん》蒼球《そうきゅう》、視床下核《ししょうかかく》などが働いて、「ゴー行動」を「ノーゴー行動」に変えられることが示されたのです。

ついに、**就学前の子でも変わることが、2015年に発表**されました。

将来的には、「ゴー行動」と「ノーゴー行動」をさせる課題を与え、喫煙や飲酒の習慣をなくしたり、麻薬中毒者の治療に応用できる可能性を秘めた画期的な発表だったのです。

おわりに

本書では、健康に生まれた嬰児を健康に育てる具体的な方法を、脳の発達を踏まえて書きおろしました。

従来の育児書は、「赤ちゃんが受けるデメリットを注意せよ」と伝える小児科医の書いた育児書が大半で、いわば注意書き程度にとどまっていました。

それに対し、京都大学名誉教授・医学博士で脳科学の権威の久保田競と、〝脳科学おばあちゃん〟こと久保田カヨ子は、日本古来の伝統育児法と米国での出産経験、ならびにほぼ毎年、夫婦で米国神経学会を訪れ、最新脳科学情報に触れてアップデートした**〝0歳から脳に働きかける〟クボタメソッド**を開発。

この20年で3000人以上の赤ちゃんの脳を活性化してきました。

私たちは、元気で健康な赤ちゃんを対象に、具体的に何をどの時期に身につけさせるのか、どのように働きかけると早く身につくのか。脳科学（神経解剖学や神経生理学）に沿った解釈を加え、それまでの母子相伝（母娘相伝）の育児法を見直しながら、わが子と数千人の赤ちゃんと接してきた経験を踏まえた具体的な育児法を紹介してきました。

そこで強調したのは、

「方法は誰にでもできるが、その働きかけに親の心（価値観、人生観）が刷り込まれていくこと」

でした。

このことを、私たちは何度もくり返し述べています。

わが子を育てるのです。異星人を育てるのではありません。

その気持ちを確認して、この半世紀の生活環境の激変にともない、大きく変わった大人の子育てに、もう一度メッセージを送ります。

この数年、私たちは世間を騒がせているニュースに混ざって幼児虐待、しかも乳幼児の被害が多いなど、心の曇る問題に遭遇し、気持ちがめいっていました。

ちょうどそんなとき、編集後記で紹介している佐藤晴恵さんから感謝のお手紙をいただき、本書を復刊する話が持ち上がってきました。

日ごろから悲しいニュースを耳にし、初版より二十数年の年月の間に抱いた、「母性愛はいずこに」という私たちの衷心から、もう一度ペンを持つ気持ちになりました。

そして、なるべく今の世情に合わせた最新脳科学の事例を掲載し、母性愛を育てる糧《かて》になればと、老骨にムチを打ちました。

「**初心忘るべからず**」——私たちは孫のためにも、もう一度、子どもに指針を送ります。

古きよき時代に戻るのではなく、改めて**母性愛を見直し、感性を豊かにする子育ての普遍性**を訴えます。

どんなに少子化が進もうとも、豊かな感性を持った賢い日本人に育てば、日本は不滅です。

次代の担い手が、**どんな環境にもめげない精神と、肉体の持ち主**になってほしいと願っています。

「**三つ子の魂百まで**」――その魂の元となる子育てを実際の育児体験を通して学びとり、それらにお母さん独自の英知を重ね、わが子の育児教育に関わってください。いつも応援しています！

京都大学名誉教授・医学博士　久保田　競
脳科学おばあちゃん　久保田カヨ子

編集後記

脳のことを考えた子育てが大切だと考えた私たちは、1983年に『赤ちゃん教育』（リヨン社刊、現在ダイヤモンド社で復刊）を出版し、脳科学を活かした2人の子どもを育てたノウハウを紹介しました。

「子育ては教育である」という考えを、具体的な方法で育児にとり入れて、初めて明らかにしたところ、当時のベストセラーとなり、ソニー創業者の井深大さんからも絶賛していただきました。

そして、2015年にダイヤモンド社で復刊後、半年で第6刷となり、今なお読み継がれていて、うれしい限りです。

『赤ちゃん教育』発刊のきっかけは、『脳の発達と子どものからだ』（1981年、築地書館刊）の読者から、「脳の発達のことは理解できたが、具体的にどうしたらよいかわからない」と言われたことです。

『赤ちゃん教育』では、生まれた瞬間の0歳0か月から、歩けるようになる1歳くらいまでを全5期（反射期、首すわり期、腰すわり期、つかまり立ち期、二足歩行期）に分け、具体的なノウハウを190点に及ぶイラストつきで解説しました。

その続篇として、1～3歳児向けの歩き始めてからの脳科学に基づく育児法を紹介したのが『感覚《センス》をきたえる幼児教育』（リヨン社刊、1984年）です。

2005年春、『感覚《センス》をきたえる幼児教育』を手本に子育てされた、佐藤晴恵さん（米フィラデルフィア在住）から、私どもに感謝のお手紙をいただきました。

お子さんの俊介くんが2歳時に、本書を書店で手にされた晴恵さんは、具体的に実践されました。

俊介くんは2歳から、「才能教育教室」でバイオリンを習い始め、その後、お父さんが米国留学されたときに渡米し、ジュリアード音楽院プレ・カレッジ、カーティス音楽院等で学ばれました。

２００３年からはパリに移住し、ジェラール・プーレのもとで学び、２００９年からはミュンヘンに移られ、メアリー・ウティガーのもとで研鑽を積まれ、現在に至ります。

その間、世界各地の交響楽団に客演し、「**２００５年第15回出光音楽賞**」を受賞されました。


晴恵さんは、わが子の才能を導き出してくれた、そもそもの契機となった30年近く前に読まれた本書の内容を忘れず、いまだに本を手元に置かれており、「出光音楽賞」受賞のため、帰国されました。

そのときに、著者の私どもに、心のこもったお礼のお手紙を書かれたのです。

そこで、『感覚《センス》をきたえる幼児教育』の最新版として、『赤ちゃん教育』でお世話になった、人気絵本作家のおかべりかさんの協力を得て、手描きのイラストを豊富に収録しつつ、脳科学データを完全アップデート。内容もイラストも大幅刷新して、本書が出版できるのは、このうえない喜びです。

読者のみなさんが、大変な育児の中でも、「**育児ほど、おもしろいものはない！**」と思える瞬間が、本書を活用することで訪れることを楽しみにしています。

京都大学名誉教授・医学博士　久保田　競

脳科学おばあちゃん　久保田カヨ子

オンリーワン

［著者］

久保田　競（Kisou Kubota）

京都大学名誉教授、医学博士。

世界で最も権威がある脳の学会「米国神経科学会」で行った研究発表は、日本人最多の100点以上にのぼり、現代日本において「脳、特に前頭前野の構造・機能」研究の権威。

2011年、瑞宝中綬章受章。

1932年、大阪生まれ。1957年に東京大学医学部卒業後、同大学院に進学。当時、脳研究の第一人者であった時実利彦教授に師事し、脳神経生理学を学ぶ。大学院３年目に米国・オレゴン州立医科大学に留学。J・M・ブルックハルト教授のもとで、脳科学における世界最先端の研究に従事。帰国後、東京大学大学院を経て、1967年に京都大学霊長類研究所神経生理研究部門助教授に就任。1973年、同教授に就任し、同研究所所長を歴任する。1996年、定年により退官、同大学名誉教授に就任。

日本福祉大学情報社会科学部教授、同大学院教授を経て、2007年より国際医学技術専門学校副校長に就任、現在に至る。

特定医療法人大道会・森之宮病院顧問。ブレインサイエンス振興財団理事。

朝４時半起きで仕事をする「朝活」を50年以上実践。ジョギングは30年以上、毎日続けている。

著書に、『新版 赤ちゃんの脳を育む本』『２～３才からの脳を育む本』（以上、主婦の友社）、『天才脳をつくる０歳教育』『天才脳を育てる１歳教育』『天才脳を伸ばす２歳教育』『天才脳をきたえる３・４・５歳教育』（以上、大和書房）、『あなたの脳が９割変わる！超「朝活」法』（ダイヤモンド社）などベスト＆ロングセラー多数。

久保田カヨ子（Kayoko Kubota）

1932年、大阪生まれ。

脳科学の権威である京都大学名誉教授・久保田競氏の妻で２人の息子の母。

約30年前に、日本における伝統的な母子相伝の育児法を見直しながら、自身がアメリカ在住時と日本で実践してきた出産・育児経験をもとに、夫・競氏の脳科学理論に裏づけされた、〝０歳から働きかける〟久保田式育児法〈クボタメソッド〉を確立。

この20年で3000人以上の赤ちゃんの脳を活性化させてきた。

テレビなどで「脳科学おばあちゃん」として有名。

2008年、株式会社『脳研工房』を立ち上げ、現在代表取締役。

累計36万部突破のシリーズ『０歳からみるみる賢くなる55の心得』『カヨ子ばあちゃん73の言葉』『カヨ子ばあちゃんの男の子の育て方』『カヨ子ばあちゃんのうちの子さえ賢ければいいんです。』『赤ちゃん教育――頭のいい子は歩くまでに決まる』『カヨ子ばあちゃんの子育て日めくり』（以上、ダイヤモンド社）、『脳科学おばあちゃん久保田カヨ子先生の誕生から歩くまで０～１才 脳を育むふれあい育児』（共著、主婦の友社）、監修に、クラシックCD『カヨ子おばあちゃんの元気なクラシック』（エイベックス）などベスト＆ロングセラー多数。

ズバッとした物言いのなかに、温かく頼りがいのあるアドバイスが好評。

【脳研工房HP】
http://www.umanma.co.jp/

1歳からみるみる頭がよくなる51の方法

――感性豊かな脳を育む五感トレーニング

2016年4月7日　第1刷発行

著　者――久保田 競＋久保田カヨ子
発行所――ダイヤモンド社
〒150-8409　東京都渋谷区神宮前6-12-17
http://www.diamond.co.jp/
電話／03·5778·7234（編集）　03·5778·7240（販売）
装丁――――重原　隆
撮影――――堀内慎祐
イラスト――おかべりか
本文デザイン――布施育哉
編集協力――石田総業株式会社
本文DTP&製作進行――ダイヤモンド・グラフィック社
印刷――――勇進印刷（本文）・慶昌堂印刷（カバー）
製本――――ブックアート
編集担当――寺田庸二

ISBN 978-4-478-06704-8